insel taschenbuch 3649
Rainer Maria Rilke
Hiersein ist herrlich

W0048618

Rainer Maria Rilke
»*Hiersein ist herrlich*«

Gedichte, Erzählungen, Briefe
Ausgewählt von
Vera Hauschild

Mit einem Geleitwort von
Siegfried Unseld

Insel Verlag

Umschlagabbildung: August Macke,
St. Germaine bei Tunis, 1914

insel taschenbuch 3649
Erste Auflage 2010
Insel Verlag Berlin 2010
© Insel Verlag Frankfurt am Main und Leipzig 2001
Vertrieb durch den Suhrkamp Taschenbuch Verlag
Umschlag nach Entwürfen von Willy Fleckhaus
Satz: Hümmer GmbH, Waldbüttelbrunn
Druck: Druckhaus Nomos, Sinzheim
Printed in Germany
ISBN 978-3-458-35349-2

2 3 4 5 6 7 – 16 15 14 13 12 11

Siegfried Unseld
»Was, wenn Verwandlung nicht, ist dein drängender Auftrag?«

Geleitwort

In seinem Buch von 1933 »Führung und Geleit« schrieb Hans Carossa: »Rilke litt, wie alle, die nahe der Chaosgrenze wohnen, an einem Gefühl dauernden Bedrohtseins.«
Nahe der Chaosgrenze und Bedrohtsein. Diese Bewußtseinsstimmung gilt auch heute. Rilke war einer der ersten, der dieser modernen Verlorenheit und Einsamkeit des Menschen in Städten in seinem »Malte« unübertroffenen Ausdruck gegeben hat.

Wir diskutieren allenthalben die Bedingungen einer Neuen Wissenschaft des Bewußtseins, einmal die Wissenschaft der kreativen Intelligenz, andererseits entsteht eine »Biologie der Kognition«, in jedem Fall werden die Biowissenschaften immer mehr zu Leitwissenschaften der Gegenwart. Eine neue Chaos-Forschung macht sich bemerkbar, die meint, nur aus chaotischen Bedingungen könnten neue Ordnungen entstehen. Rilke, dessen Dichten und Trachten es war, die Erfahrungen des Denkens und Fühlens neu zu bestimmen, hat, eben aus der Empfindung der Bedrohtheit heraus, eine große Sensibilität für chaotische Bedingungen entwickelt. Er war sicher, daß er am Ende der Tage des Chaos selber dastehen werde »mit Millionen reifen, feinen, goldenen Formen … ein ganz und gar ausgegorenes und durchglühtes apollinisches Gebilde«. Im »Malte« war das Konflikthafte vorherrschend, ja es schien so, als wollte Rilke, er sagte es selbst, »den Beweis führen, daß dieses so ins Bodenlose gehängte Leben unmöglich sei«. In den »Duineser Elegien« erweist sich »Lebens- und

Todesbejahung als Eines«, hier versucht er, den Widerspruch zwischen Außen und Innen zu lösen, den Widerspruch von Immanenz und Transzendenz.

Niels Bohr hat das Komplementaritätsprinzip formuliert, wonach fundamentale Probleme nur gelöst werden können, wenn sie von zumindest zwei sich gegenseitig ausschließenden Standpunkten aus angegangen werden. Dies versucht Rilke in seinem Aufbruch zum »Weitesten«, zum »Doppelbereich«. In seinem berühmten Brief an seinen polnischen Übersetzer Witold Hulewicz vom November 1925 schreibt er: »Wir, diese Hiesigen und Heutigen, sind nicht einen Augenblick in der Zeitwelt befriedigt, noch in sie gebunden; wir gehen immerfort über und über zu den Früheren, zu unserer Herkunft und zu denen, die scheinbar nach uns kommen. In jener größesten, ›offenen‹ *Welt sind* alle, man kann nicht sagen ›gleichzeitig‹, denn eben der Fortfall der Zeit bedingt, daß sie alle *sind*. Die Vergänglichkeit stürzt überall in ein tiefes Sein.« Und er fährt in diesem Brief fort: »... unsere Aufgabe ist es, diese vorläufige, hinfällige Erde uns so tief, so leidend und leidenschaftlich einzuprägen, daß ihr Wesen in uns ›unsichtbar‹ wieder aufersteht. *Wir sind die Bienen des Unsichtbaren.*«

Für mich ein hinreißendes Bild. Und gleichzeitig die Begründung für Rilkes Aufruf zur Änderung und Wandlung. Mein Lieblingsgedicht bleibt »Archaïscher Torso Apollos« mit der Zeile: »denn da ist keine Stelle, / die dich nicht sieht. Du mußt dein Leben ändern.« Erinnern wir uns an das Sonett »Wolle die Wandlung«, dann an jene Stelle im Brief vom 28. Juni 1915 an Thankmar von Münchhausen: »Was ist anderes unser Metier als Anlässe zur Veränderung rein und groß und frei hinzustellen?« Und an die Stelle, die 1922 in der Neunten Elegie dann »Gewaltiger und unerbittlicher« heißt:

Erde, ist es nicht dies, was du willst: *unsichtbar*
in uns erstehn? – Ist es dein Traum nicht,
einmal unsichtbar zu sein? – Erde! unsichtbar!
Was, wenn Verwandlung nicht, ist dein drängender
Auftrag?

Dieser Auftrag zur Verwandlung, zur Veränderung durch-
zieht Rilkes Werk. Direkt und indirekt ist er dargestellt. So
auch in »Spaziergang«, das, Anfang März 1924 niederge-
schrieben, eines der letzten Gedichte Rilkes ist:

Schon ist mein Blick am Hügel, dem besonnten,
dem Wege, den ich kaum begann, voran.
So faßt uns das, was wir nicht fassen konnten,
voller Erscheinung, aus der Ferne an –

und wandelt uns, auch wenn wirs nicht erreichen,
in jenes, das wir, kaum es ahnend, sind;
ein Zeichen weht, erwidernd unserm Zeichen ...
Wir aber spüren nur den Gegenwind.

Ich finde unsere Situation von heute und morgen in die-
sem Gedicht beschrieben. Wenn wir den Weg gehen, den
wir uns bestimmen, so sind wir nicht allein, uns hilft das
Ferne, das Vergangene, das Mythische, das, was über den
Tag hinausreicht, »so faßt uns das, was wir nicht fassen
konnten«. Und dies verändert uns. Wir sind nicht ein Fi-
xiertes, Dogmatisches, in uns Abgeschlossenes, Fertiges.
»Was sich ins Bleiben verschließt, schon *ists* das Erstarrte«,
heißt es in den »Sonetten an Orpheus«. Manchmal neh-
men wir ein Zeichen wahr, aber oft spüren wir die Ver-
änderung nicht. Wir spüren nur, was uns abhält, die Be-
ziehung zum Anderen aufzunehmen, den Gegenwind.
Unsere Hoffnung ist aber dadurch ausgedrückt, daß sich
nicht nur Worte reimen, sondern Sinngehalte: Wind und
sind, Zeichen und erreichen.

In einem großartigen Brief vom 13. März 1922 faßt Rilke, als Antwort auf den Ruf eines jungen Mannes, noch einmal zusammen, was für ihn Kunst ist. Er spricht davon, daß junge Menschen den Schwierigkeiten der Gegenwart »nicht nach auswärts, sondern ins Tiefere auswichen ...«; daß sie den Versuch unternähmen, »die Dinge mit dem Karat des Herzens zu wägen«. Und dann verständigt er sich mit dem jungen Briefschreiber, »daß die Kunst nicht zuletzt wieder Künstler zu stiften vorhat. Sie meint keinen zu sich hinüber zu rufen, ja, es ist immer meine Vermutung, daß es ihr auf eine Wirkung überhaupt nicht ankäme. Indem aber ihre Gestaltungen, aus unerschöpflichem Ursprung ununterdrückbar hervorgegangen, seltsam still und übertrefflich unter den Dingen dastehen, könnte es geschehen, daß sie *jeder* menschlichen Betätigung unwillkürlich irgendwie vorbildhaft werden durch ihre angeborene Uneigennützigkeit, Freiheit und Intensität.«

Uneigennützigkeit, Freiheit und Intensität – eine bedeutende Trias, die an die andere reicht, an die Trias von Freiheit, Gleichheit, Brüderlichkeit. In der Verfassung unseres Staates heute ist Freiheit verankert; Gleichheit, als Problem in sich kompliziert, muß weiter reflektiert werden; der Bereich der Brüderlichkeit schien ausgespart. – Weist uns Rilke einen Weg, wenn er von Uneigennützigkeit, Freiheit und Intensität spricht?

Hiersein ist herrlich

Die Arbeiten, von denen ich Ihnen einige werde zeigen dürfen, gehen irgendwie aus der Überzeugung hervor, daß es eine

    eigene berechtigte Aufgabe sei, die Weite,
    Vielfältigkeit
                ja Vollzähligkeit der Welt
                      in reinen Beweisen vorzuführen.

Denn: ja! zu einem derartigen Zeugnis hoffte ich mir das Gedicht zu erziehen, das mir fähig werden sollte alle Erscheinung,

                nicht nur das Gefühlsmäßige allein,
    lyrisch zu begreifen –:
    Das Tier,
        die Pflanze,
            jeden Vorgang; –
                    ein Ding
in seinem eigentümlichen Gefühls-Raum darzustellen.

Lassen Sie sich nicht dadurch beirren, daß ich oft Bilder der Vergangenheit aufrufe. Auch das Gewesene ist noch ein Seiendes in der Fülle des Geschehens, wenn man es nicht nach seinem Inhalte erfaßt, sondern durch seine Intensität, und wir sind als Mitglieder einer Welt, die Bewegung um Bewegung, Kraft um Kraft hervorbringend, unaufhaltsam in weniger und weniger Sichtbares hinzustürzen scheint, auf jene überlegene Sichtbarkeit des Vergangenen angewiesen, wollen wir uns, im Gleichnis, die nun verhaltene Pracht vorstellen, von der wir ja auch heute noch umgeben sind.

Ich werde Sie nun nicht mit Vorbringungen überhäufen. Ich verspreche sparsam zu sein.

Vorrede Rilkes zu einer Lesung
aus eigenen Werken (1919)

Laß dir Alles geschehn

O Leben Leben, wunderliche Zeit
von Widerspruch zu Widerspruche reichend
im Gange oft so schlecht so schwer so schleichend
und dann auf einmal, mit unsäglich weit
entspannten Flügeln, einem Engel gleichend:
O unerklärlichste, o Lebenszeit.

Von allen großgewagten Existenzen
kann eine glühender und kühner sein?
Wir stehn und stemmen uns an unsre Grenzen
und reißen ein Unkenntliches herein,
. . . .

Welcher Wahnsinn, uns nach einem Jenseits abzulenken, wo wir hier von Aufgaben und Erwartungen und Zukünften umstellt sind. Welcher Betrug, Bilder hiesigen Entzückens zu entwenden, um sie hinter unserm Rücken an den Himmel zu verkaufen! O es wäre längst Zeit, daß die verarmte Erde alle jene Anleihen wieder einzöge, die man bei ihrer Seligkeit gemacht hat, um Überkünftiges damit auszustatten. Wird der Tod wirklich durchsichtiger durch diese hinter ihn verschleppten Lichtquellen? Und wird nicht alles hier Fortgenommene, da nun doch kein Leeres sich halten kann, durch einen Betrug ersetzt, – sind die Städte deshalb von so viel häßlichem Kunstlicht und Lärm erfüllt, weil man den echten Glanz und den Gesang an ein später zu beziehendes Jerusalem ausgeliefert hat? Christus mochte recht haben, wenn er, in einer von abgestandenen und entlaubten Göttern erfüllten Zeit, schlecht vom Irdischen sprach, obwohl es (ich kann es nicht anders denken) auf eine Kränkung Gottes hinauskommt, in dem uns hier Gewährten und Zugestandenen nicht ein, wenn wir es nur genau gebrauchen, vollkommen, bis an den Rand unserer Sinne uns Beglückendes zu sehen! *Der rechte Gebrauch, das ists*. Das Hiesige recht in die Hand nehmen, herzlich liebevoll, erstaunend, als unser, vorläufig, Einziges: das ist zugleich, es gewöhnlich zu sagen, die große Gebrauchsanweisung Gottes, *die* meinte der heilige Franz von Assisi aufzuschreiben in seinem Lied an die Sonne, die ihm im Sterben herrlicher war als das Kreuz, das ja nur dazu da stand, in die Sonne zu *weisen*.

Der Brief des jungen Arbeiters

Du mußt das Leben nicht verstehen,
dann wird es werden wie ein Fest.
Und laß dir jeden Tag geschehen
so wie ein Kind im Weitergehen
von jedem Wehen
sich viele Blüten schenken läßt.

Sie aufzusammeln und zu sparen,
das kommt dem Kind nicht in den Sinn.
Es löst sie leise aus den Haaren,
drin sie so gern gefangen waren,
und hält den lieben jungen Jahren
nach neuen seine Hände hin.

Mir zur Feier

Gott spricht zu jedem nur, eh er ihn macht,
dann geht er schweigend mit ihm aus der Nacht.
Aber die Worte, eh jeder beginnt,
diese wolkigen Worte, sind:

Von deinen Sinnen hinausgesandt,
geh bis an deiner Sehnsucht Rand;
gieb mir Gewand.

Hinter den Dingen wachse als Brand,
daß ihre Schatten, ausgespannt,
immer mich ganz bedecken.

Laß dir Alles geschehn: Schönheit und Schrecken.
Man muß nur gehn: Kein Gefühl ist das fernste.
Laß dich von mir nicht trennen.
Nah ist das Land,
das sie das Leben nennen.

Du wirst es erkennen
an seinem Ernste.

Gieb mir die Hand.

Das Stunden-Buch

Leben *Sie jetzt die Fragen*

Wenn Sie sich an die Natur halten, an das Einfache in ihr, an das Kleine, das kaum einer sieht, und das so unversehens zum Großen und Unermeßlichen werden kann; wenn Sie diese Liebe haben zu dem Geringen und ganz schlicht als ein Dienender das Vertrauen dessen zu gewinnen suchen, was arm scheint: dann wird Ihnen alles leichter, einheitlicher und irgendwie versöhnender werden, nicht im Verstande vielleicht, der staunend zurückbleibt, aber in Ihrem innersten Bewußtsein, Wach-sein und Wissen. Sie sind so jung, so vor allem Anfang, und ich möchte Sie, so gut ich es kann, bitten, ‹...› Geduld zu haben gegen alles Ungelöste in Ihrem Herzen und zu versuchen, *die Fragen selbst* liebzuhaben wie verschlossene Stuben und wie Bücher, die in einer sehr fremden Sprache geschrieben sind. Forschen Sie jetzt nicht nach den Antworten, die Ihnen nicht gegeben werden können, weil Sie sie nicht leben könnten. Und es handelt sich darum, alles zu leben. *Leben* Sie jetzt die Fragen. Vielleicht leben Sie dann allmählich, ohne es zu merken, eines fernen Tages in die Antwort hinein. Vielleicht tragen Sie ja in sich die Möglichkeit, zu bilden und zu formen, als eine besonders selige und reine Art des Lebens; erziehen Sie sich dazu, – aber nehmen Sie das, was kommt, in großem Vertrauen hin, und wenn es nur aus Ihrem Willen kommt, aus irgendeiner Not Ihres Innern, so nehmen Sie es auf sich und hassen Sie nichts.

Briefe an einen jungen Dichter,
An Franz Xaver Kappus, 16. Juli 1903

Indem das Leben nimmt und giebt und nimmt
entstehen wir aus Geben und aus Nehmen:
ein Schwankendes, sich Wandelndes, ein Schemen
und doch in unserer Seele so bestimmt

hindurchzugehn durch dieses Sich-verschieben
unangezweifelt, aufrecht, unbeirrt
von Tag zu Nacht, von Nacht zu Tag getrieben,
aus denen unaufhaltsam Leben wird

von unserm Leben, Blut von unserm Blut,
Lust von der unsern, Leid das wir erkennen,
von dem wir uns auf einmal wieder trennen
weil unsre Seele, einsam, schon geruht

vorauszugehn ...

Oh sage, Dichter, was du tust?
                              – Ich rühme.
Aber das Tödliche und Ungetüme,
wie hältst du's aus, wie nimmst du's hin?
                              – Ich rühme.
Aber das Namenlose, Anonyme,
wie rufst du's, Dichter, dennoch an?
                              – Ich rühme.
Woher dein Recht, in jeglichem Kostüme,
in jeder Maske wahr zu sein?
                              – Ich rühme.
Und daß das Stille und das Ungestüme
wie Stern und Sturm dich kennen?
                              : – weil ich rühme.

Dieses endgültige freie Jasagen zur Welt rückt das Herz auf
eine andere Ebene des Erlebens. Seine Wahlkugeln heißen
nicht mehr Glück und Unglück, seine Pole sind nicht be-
zeichnet mit Leben und Tod. Sein Maß ist nicht die Spanne
zwischen den Gegensätzen.
Wer denkt noch, daß die Kunst das Schöne darstelle, das
ein Gegenteil habe; (dieses kleine »schön« stammt aus
dem Begriffe des Geschmacks). Sie ist die Leidenschaft
zum Ganzen. Ihr Ergebnis: Gleichmut und Gleichgewicht
des Vollzähligen.

Das Testament

Berühre ruhig mit dem Zauberstabe
das Ungenaue, das du um mich scharst,
und du wirst wieder wissen, wie du Knabe
und in der Dinge Freundschaft warst.

Berühre nochmals, und es wird sich zeigen,
daß dich die Liebende empfing,
weil aller Glanz, den Himmlische verschweigen,
aus deinem Neigen in sie überging.

Ein drittes Mal berühr, um zu erfahren,
daß Macht sich giebt und sich entzieht,
und nun sei rein in deinem Offenbaren
und sage dienend, was geschieht.

Singe die Gärten, mein Herz

Nenn ich dich Aufgang oder Untergang?
Denn manchmal bin ich vor dem Morgen bang
und greife scheu nach seiner Rosen Röte –
und ahne eine Angst in seiner Flöte
vor Tagen, welche liedlos sind und lang.

Aber die Abende sind mild und mein,
von meinem Schauen sind sie still beschienen;
in meinen Armen schlafen Wälder ein, –
und ich bin selbst das Klingen über ihnen,
und mit dem Dunkel in den Violinen
verwandt durch all mein Dunkelsein.

Mir zur Feier

Wer du auch seist: am Abend tritt hinaus
aus deiner Stube, drin du alles weißt;
als letztes vor der Ferne liegt dein Haus:
wer du auch seist.
Mit deinen Augen, welche müde kaum
von der verbrauchten Schwelle sich befrein,
hebst du ganz langsam einen schwarzen Baum
und stellst ihn vor den Himmel: schlank, allein.
Und hast die Welt gemacht. Und sie ist groß
und wie ein Wort, das noch im Schweigen reift.
Und wie dein Wille ihren Sinn begreift,
lassen sie deine Augen zärtlich los ...

Das Buch der Bilder

Abend in Skåne

Der Park ist hoch. Und wie aus einem Haus
tret ich aus seiner Dämmerung heraus
in Ebene und Abend. In den Wind,
denselben Wind, den auch die Wolken fühlen,
die hellen Flüsse und die Flügelmühlen,
die langsam mahlend stehn am Himmelsrand.
Jetzt bin auch ich ein Ding in seiner Hand,
das kleinste unter diesen Himmeln. – Schau:

Ist das Ein Himmel?:
　　　　　　　Selig lichtes Blau,
in das sich immer reinere Wolken drängen,
und drunter alle Weiß in Übergängen,
und drüber jenes dünne, große Grau,
warmwallend wie auf roter Untermalung,
und über allem diese stille Strahlung
sinkender Sonne.

　　　　　　　Wunderlicher Bau,
in sich bewegt und von sich selbst gehalten,
Gestalten bildend, Riesenflügel, Falten
und Hochgebirge vor den ersten Sternen
und plötzlich, da: ein Tor in solche Fernen,
wie sie vielleicht nur Vögel kennen ...
du schaust: und von dir scheiden sich die Länder,
ein himmelfahrendes und eins, das fällt;

und lassen dich, zu keinem ganz gehörend,
nicht ganz so dunkel wie das Haus, das schweigt,
nicht ganz so sicher Ewiges beschwörend
wie das, was Stern wird jede Nacht und steigt –

und lassen dir (unsäglich zu entwirrn)
dein Leben bang und riesenhaft und reifend,
so daß es, bald begrenzt und bald begreifend,
abwechselnd Stein in dir wird und Gestirn.

Das Buch der Bilder

Früher Apollo

Wie manches Mal durch das noch unbelaubte
Gezweig ein Morgen durchsieht, der schon ganz
im Frühling ist: so ist in seinem Haupte
nichts was verhindern könnte, daß der Glanz

aller Gedichte uns fast tödlich träfe;
denn noch kein Schatten ist in seinem Schaun,
zu kühl für Lorbeer sind noch seine Schläfe
und später erst wird aus den Augenbraun

hochstämmig sich der Rosengarten heben,
aus welchem Blätter, einzeln, ausgelöst
hintreiben werden auf des Mundes Beben,

der jetzt noch still ist, niegebraucht und blinkend
und nur mit seinem Lächeln etwas trinkend
als würde ihm sein Singen eingeflößt.

Neue Gedichte

In einem fremden Park
Borgeby-Gård

Zwei Wege sinds.   Sie führen keinen hin.
Doch manchmal, in Gedanken, läßt der eine
dich weitergehn.   Es ist, als gingst du fehl;
aber auf einmal bist du im Rondel
alleingelassen wieder mit dem Steine
und wieder auf ihm lesend: Freiherrin
Brite Sophie – und wieder mit dem Finger
abfühlend die zerfallne Jahreszahl –
Warum wird dieses Finden nicht geringer?

Was zögerst du ganz wie zum ersten Mal
erwartungsvoll auf diesem Ulmenplatz,
der feucht und dunkel ist und niebetreten?

Und was verlockt dich für ein Gegensatz,
etwas zu suchen in den sonnigen Beeten,
als wärs der Name eines Rosenstocks?

Was stehst du oft? Was hören deine Ohren?
Und warum siehst du schließlich, wie verloren,
die Falter flimmern um den hohen Phlox.

Neue Gedichte

Vergiß, vergiß und laß uns jetzt nur dies
erleben, wie die Sterne durch geklärten
Nachthimmel dringen; wie der Mond die Gärten
voll übersteigt. Wir fühlten längst schon, wies
spiegelnder wird im Dunkel; wie ein Schein
entsteht, ein weißer Schatten in dem Glanz
der Dunkelheit. Nun aber laß uns ganz
hinübertreten in die Welt hinein
die monden ist –

Es winkt zu Fühlung fast aus allen Dingen,
aus jeder Wendung weht es her: Gedenk!
Ein Tag, an dem wir fremd vorübergingen,
entschließt im künftigen sich zum Geschenk.

Wer rechnet unseren Ertrag? Wer trennt
uns von den alten, den vergangnen Jahren?
Was haben wir seit Anbeginn erfahren,
als daß sich eins im anderen erkennt?

Als daß an uns Gleichgültiges erwarmt?
O Haus, o Wiesenhang, o Abendlicht,
auf einmal bringst du's beinah zum Gesicht
und stehst an uns, umarmend und umarmt.

Durch alle Wesen reicht der *eine* Raum:
Weltinnenraum. Die Vögel fliegen still
durch uns hindurch. O, der ich wachsen will,
ich seh hinaus, und *in* mir wächst der Baum.

Ich sorge mich, und in mir steht das Haus.
Ich hüte mich, und in mir ist die Hut.
Geliebter, der ich wurde: an mir ruht
der schönen Schöpfung Bild und weint sich aus.

Wie vor dem Einzug, wie in leeren Gemächern,
hämmert der Specht an dem Stamme der kahlen
Ulme. Von Zukunftsplänen strahlen
die Winde über den Dächern.

Dies wird einmal der Sommer sein.
Eine vollendete Wohnung.
Welches Gedräng an der Tür!
Alles zieht selig ein.
Wie zur Belohnung.
Wofür?

Vorfrühling

Härte schwand. Auf einmal legt sich Schonung
an der Wiesen aufgedecktes Grau.
Kleine Wasser ändern die Betonung.
Zärtlichkeiten, ungenau,

greifen nach der Erde aus dem Raum.
Wege gehen weit ins Land und zeigens.
Unvermutet siehst du seines Steigens
Ausdruck in dem leeren Baum.

Frühling ist wiedergekommen. Die Erde
ist wie ein Kind, das Gedichte weiß;
viele, o viele. ... Für die Beschwerde
langen Lernens bekommt sie den Preis.

Streng war ihr Lehrer. Wir mochten das Weiße
an dem Barte des alten Manns.
Nun, wie das Grüne, das Blaue heiße,
dürfen wir fragen: sie kanns, sie kanns!

Erde, die frei hat, du glückliche, spiele
nun mit den Kindern. Wir wollen dich fangen,
fröhliche Erde. Dem Frohsten gelingts.

O, was der Lehrer sie lehrte, das Viele,
und was gedruckt steht in Wurzeln und langen
schwierigen Stämmen: sie singts, sie singts!

Dieses Liedchen hier ‹ein »Frühlings-Kinder-Lied«›, wie
es mir heut, im Erwachen, aufkam, ganz fertig bis zur ach-
ten Zeile, und gleich darauf der Rest, erscheint mir als eine
Auslegung einer »Messe« – ja einer, wie mit aufgehäng-
ten Girlanden von Klang heiter begleiteten, wirklichen
Messe: die Klosterkinder sangen sie, ich weiß nicht, mit
welchem Text, aber so in diesem Tanzschritt, in der klei-
nen Nonnenkirche zu *Ronda* (in Südspanien –); sangen sie,
man hörts, zu Tamburin und Triangel! – Nicht wahr, es
paßt, wenn man so will, in jene Zusammenhänge der So-
nette an Orpheus: als der lichteste Frühlings-Ton darin?
(Ich glaube.)

An Gertrud Ouckama Knoop, 9. Februar 1922

31

Singe die Gärten, mein Herz, die du nicht kennst;
wie in Glas
eingegossene Gärten, klar, unerreichbar.
Wasser und Rosen von Ispahan oder Schiras,
singe sie selig, preise sie, keinem vergleichbar.

Zeige, mein Herz, daß du sie niemals entbehrst.
Daß sie dich meinen, ihre reifenden Feigen.
Daß du mit ihren, zwischen den blühenden Zweigen
wie zum Gesicht gesteigerten Lüften verkehrst.

Meide den Irrtum, daß es Entbehrungen gebe
für den geschehnen Entschluß, diesen: zu sein!
Seidener Faden, kamst du hinein ins Gewebe.

Welchem der Bilder du auch im Innern geeint bist
(sei es selbst ein Moment aus dem Leben der Pein),
fühl, daß der ganze, der rühmliche Teppich gemeint ist.

Die Sonette an Orpheus.
Zweiter Teil, XXI

32

Rose, du thronende, denen im Altertume
warst du ein Kelch mit einfachem Rand.
Uns aber bist du die volle zahllose Blume,
der unerschöpfliche Gegenstand.

In deinem Reichtum scheinst du wie Kleidung um
                                        Kleidung
um einen Leib aus nichts als Glanz;
aber dein einzelnes Blatt ist zugleich die Vermeidung
und die Verleugnung jedes Gewands.

Seit Jahrhunderten ruft uns dein Duft
seine süßesten Namen herüber;
plötzlich liegt er wie Ruhm in der Luft.

Die Sonette an Orpheus.
Zweiter Teil, VI

An Margot Sizzo

‹…› gut ist es gewiß, wieder heimgekehrt zu sein zu den
eigenen Rosen –; ihre erste Blütezeit ist vorüber, auch hier,
aber mein kleiner Garten hat sich so dankbar erwiesen,
seine drei neuen Rosenparterres waren gutgestimmte In-
strumente des Frühsommers, da und dort versagte eine
Saite und das Ganze stimmte noch ein wenig dünn an, –
ein schütteres Lied, – aber doch schon ein kleines Rosen-
Orchester immerhin; ich war übertroffen, ich hatte so viel
nicht erwartet von diesen eben gepflanzten Büschen und
Stämmen, fast ein jedes hatte schon seinen Ton und das
Ganze fühlte sich, über die Zwischenräume hin, heiter zu-
sammen in dem unbeschreiblichen Licht des Valais (: das
ich nur mit der Atmosphäre von Paris und der Île de France
ungefähr vergleichen kann. Entferntere Flächen, – wie oft
bewunderte ich das in Paris, mitten in der Stadt, in der rue
de Varenne, wie oft! – entfernte Flächen nehmen auch hier
dieses Schimmern an, werden gesichthaft-hell und schei-
nen wie ein schönes Gesicht in einer geistigen Transparenz
aufzuleben … Und die Hintergründe, ob es gleich doch
schwere Schweizer Berge sind, machen sich nie massiv,
alles ist vor sie gestellt wie in die Melodie eines Gobelins.
Kurz in *diese* Atmosphäre hinein als Rose sich aufzutun,
möchte einen Blumentag wert sein und eine Blumen-
Nacht.)
Es war denn auch meiner Rosen Benehmen, die naive
Freude des kleinen zu-sich-kommenden Gartens, was
mich schließlich verhindert hat, die eine oder andere,
schon fast angesetzte Reise zu tun –, ein wenig wars auch
die Sorge, daß in meiner Abwesenheit das hier bei der star-
ken und ständigen Sonne so wichtige Begießen verab-
säumt würde … ich blieb, und die Reisen kamen zu mir,
in Gestalt mehrerer lieber Besuche, die ich leider, wegen
Mangel an Raum in dem engen Muzot nicht beherbergen

kann: ein einziges Gastzimmer ließ sich einrichten, eine Mansarde (und sie ist fürs Nächste noch sehr rudimentär installiert) – damit ging der Juni in einem Atem vorüber. Sierre hat, zum Glück, ein ganz ausgezeichnetes Hotel (ein altes Palais der aus dem Valais stammenden Comtes de Courten) mit einer köstlichen bequemen Garten-Terrasse …; nicht von dort, aber aus einem ihr benachbarten (bäuerischen) Garten füg ich Ihnen die zwei Rosen-Blätter ein: es ist eine einfache ungefüllte Eglantine, die Innenseite der Blätter ist von einem flammenden Rot, das nun, im Gepreßtsein ins Bräunliche verloschen ist, und auch das Gelb der Außenseite ist frischer und klarer zu denken, als Sie es nun sehen: es sind die Gelb und Rot einer schönen reinen Flamme. – Kennen Sie diese Art der wilden Rose? man sieht sie selten, und es hat mir solchen Eindruck gemacht, sie hier zu finden, weil (wie ich aus einer der großen Pariser Rosen-Ausstellungen erinnere) *dieses* die Rose der Antike war, und die Rose Persiens; wo in der griechischen Anthologie oder überhaupt im orientalischen Gedicht die Rose gefeiert ist, muß man sich *diese* Rose vorstellen, mit einfachem Kelch und in den Farben der entfachten, freudigen, rein gespeisten Flamme.

Wilder Rosenbusch

Wie steht er da vor den Verdunkelungen
des Regenabends, jung und rein;
in seinen Ranken schenkend ausgeschwungen
und doch versunken in sein Rose-sein;

die flachen Blüten, da und dort schon offen,
jegliche ungewollt und ungepflegt:
so, von sich selbst unendlich übertroffen
und unbeschreiblich aus sich selbst erregt,

ruft er dem Wandrer, der in abendlicher
Nachdenklichkeit den Weg vorüberkommt:
Oh sieh mich stehn, sieh her, was bin ich sicher
und unbeschützt und habe was mir frommt.

Empfange nun von manchem Zweig ein Winken,
als sei's ein Grüßen oder Wiedersehn;
und, wie die Schalen, draus die Vögel trinken,
laß selbst den Regen spiegelnd in dir stehn.

Nichts geht verloren, alles giebt sich weiter.
Wer es im Innersten begreift der steigt,
und oben ist das Ende seiner Leiter
ans Gleichgesinnte sicher angeneigt.

Die Vogelrufe fangen an zu rühmen.
Und sind im Recht. Wir hören lange hin.
(Wir hinter Masken, ach, und in Kostümen!)
Was rufen sie? ein wenig Eigensinn,

ein wenig Wehmut und sehr viel Versprechen,
das an der halbverschlossnen Zukunft feilt.
Und zwischendurch in unserm Horchen heilt
das schöne Schweigen, das sie brechen.

Wie soll ich meine Seele halten?

Lösch mir die Augen aus: ich kann dich sehn,
wirf mir die Ohren zu: ich kann dich hören,
und ohne Füße kann ich zu dir gehn,
und ohne Mund noch kann ich dich beschwören.
Brich mir die Arme ab, ich fasse dich
mit meinem Herzen wie mit einer Hand,
halt mir das Herz zu, und mein Hirn wird schlagen,
und wirfst du in mein Hirn den Brand,
so werd ich dich auf meinem Blute tragen.

Das Stunden-Buch

Liebhaben von Mensch zu Mensch

Liebhaben von Mensch zu Mensch: das ist vielleicht das Schwerste, was uns aufgegeben ist, das Äußerste, die letzte Probe und Prüfung, die Arbeit, für die alle andere Arbeit nur Vorbereitung ist. Darum *können* junge Menschen, die Anfänger in allem sind, die Liebe noch nicht: sie müssen sie lernen. Mit dem ganzen Wesen, mit allen Kräften, versammelt um ihr einsames, banges, aufwärts schlagendes Herz, müssen sie lieben lernen. Lernzeit aber ist immer eine lange, abgeschlossene Zeit, und so ist Lieben für lange hinaus und weit ins Leben hinein –: Einsamkeit, gesteigertes und vertieftes Alleinsein für den, der liebt. Lieben ist zunächst nichts, was aufgehen, hingeben und sich mit einem zweiten vereinen heißt (denn was wäre eine Vereinigung von Ungeklärtem und Unfertigem noch Untergeordnetem –?), es ist ein erhabener Anlaß für den Einzelnen, zu reifen, in sich etwas zu werden, Welt zu werden, Welt zu werden für sich um eines anderen willen, es ist ein großer unbescheidener Anspruch an ihn, etwas, was ihn auserwählt und zu Weitem beruft. Nur in diesem Sinne, als Aufgabe an sich zu arbeiten (»zu horchen und zu hämmern Tag und Nacht«) dürften junge Menschen die Liebe, die ihnen gegeben wird, gebrauchen. Das Aufgehen und das Hingeben und alle Art der Gemeinsamkeit ist nicht für sie (die noch lange, lange sparen und sammeln müssen), ist das Endliche, ist vielleicht das, wofür Menschenleben jetzt noch kaum ausreichen.

Briefe an einen jungen Dichter
An Franz Xaver Kappus, 14. Mai 1904

Die Stille

Hörst du, Geliebte, ich hebe die Hände –
hörst du: es rauscht ...
Welche Gebärde der Einsamen fände
sich nicht von vielen Dingen belauscht?
Hörst du, Geliebte, ich schließe die Lider,
und auch *das* ist Geräusch bis zu dir.
Hörst du, Geliebte, ich hebe sie wieder ...
... aber warum bist du nicht hier.

Der Abdruck meiner kleinsten Bewegung
bleibt in der seidenen Stille sichtbar;
unvernichtbar drückt die geringste Erregung
in den gespannten Vorhang der Ferne sich ein.
Auf meinen Atemzügen heben und senken
die Sterne sich.
Zu meinen Lippen kommen die Düfte zur Tränke,
und ich erkenne die Handgelenke
entfernter Engel.
Nur die ich denke: Dich
seh ich nicht.

Das Buch der Bilder

Liebes-Lied

Wie soll ich meine Seele halten, daß
sie nicht an deine rührt? Wie soll ich sie
hinheben über dich zu andern Dingen?
Ach gerne möcht ich sie bei irgendwas
Verlorenem im Dunkel unterbringen
an einer fremden stillen Stelle, die
nicht weiterschwingt, wenn deine Tiefen schwingen.
Doch alles, was uns anrührt, dich und mich,
nimmt uns zusammen wie ein Bogenstrich,
der aus zwei Saiten *eine* Stimme zieht.
Auf welches Instrument sind wir gespannt?
Und welcher Spieler hat uns in der Hand?
O süßes Lied.

Neue Gedichte

Die Liebende

Ja ich sehne mich nach dir. Ich gleite
mich verlierend selbst mir aus der Hand,
ohne Hoffnung, daß ich Das bestreite,
was zu mir kommt wie aus deiner Seite
ernst und unbeirrt und unverwandt.

... jene Zeiten: O wie war ich Eines,
nichts was rief und nichts was mich verriet;
meine Stille war wie eines Steines,
über den der Bach sein Murmeln zieht.

Aber jetzt in diesen Frühlingswochen
hat mich etwas langsam abgebrochen
von dem unbewußten dunkeln Jahr.
Etwas hat mein armes warmes Leben
irgendeinem in die Hand gegeben,
der nicht weiß was ich noch gestern war.

Der Neuen Gedichte anderer Teil

Das Mädchen und die Frau

Das Mädchen und die Frau ‹...› werden nur vorübergehend Nachahmer männlicher Unart und Art und Wiederholer männlicher Berufe sein. Nach der Unsicherheit solcher Übergänge wird sich zeigen, daß die Frauen durch die Fülle und den Wechsel jener (oft lächerlichen) Verkleidungen nur gegangen sind, um ihr eigenstes Wesen von den entstellenden Einflüssen des anderen Geschlechtes zu reinigen. Die Frauen, in denen unmittelbarer, fruchtbarer und vertrauensvoller das Leben verweilt und wohnt, müssen ja im Grunde reifere Menschen geworden sein, menschlichere Menschen, als der leichte, durch die Schwere keiner leiblichen Frucht unter die Oberfläche des Lebens herabgezogene Mann, der, dünkelhaft und hastig, unterschätzt, was er zu lieben meint. Dieses in Schmerzen und Erniedrigungen ausgetragene Menschentum der Frau wird dann, wenn sie die Konventionen der Nur-Weiblichkeit in den Verwandlungen ihres äußeren Standes abgestreift haben wird, zutage treten, und die Männer, die es heute noch nicht kommen fühlen, werden davon überrascht und geschlagen werden. Eines Tages ‹...› wird das Mädchen da sein und die Frau, deren Name nicht mehr nur einen Gegensatz zum Männlichen bedeuten wird, sondern etwas für sich, etwas, wobei man an keine Ergänzung und Grenze denkt, nur an Leben und Dasein, –: der weibliche Mensch. Dieser Fortschritt wird das Liebe-Erleben, das jetzt voll Irrung ist ‹...›, verwandeln, von Grund aus verändern, zu einer Beziehung umbilden, die von Mensch zu Mensch gemeint ist, nicht mehr von Mann zu Weib. Und diese menschlichere Liebe ‹...› wird jener ähneln, die wir ringend und mühsam vorbereiten, der Liebe, die darin besteht, daß zwei Einsamkeiten einander schützen, grenzen und grüßen.

Briefe an einen jungen Dichter
An Franz Xaver Kappus, 14. Mai 1904

Ein junges Mädchen: das ist wie ein Stern:
die ganze Erde dunkelt ihm entgegen
und ist ihm aufgetan wie einem Regen,
und niemals trank sie einen seligern.

Ein junges Mädchen: das ist wie ein Schatz,
vergraben neben einer alten Linde;
da sollen Ringe sein und Goldgewinde,
doch keiner ist erwählt, daß er sie finde:
nur eine Sage geht und sagt den Platz.

Ein junges Mädchen: daß wir's niemals sind.
So wenig hat das Sein zu uns Vertrauen.
Am Anfang scheinen wir fast gleich, als Kind,
und später sind wir manchmal beinah Frauen
für einen Augenblick; doch wie verrinnt
das fern von uns, was Mädchen sind und schauen.

Mädchen gewesen sein: daß es das giebt.
Als sagte Eine: einmal war ich dies
und zeigte dir ein Halsband von Türkis
auf welkem Sammte; und man sieht noch, wie's
getragen war, verloren und geliebt.

Die Liebende

Das ist mein Fenster. Eben
bin ich so sanft erwacht.
Ich dachte, ich würde schweben.
Bis wohin reicht mein Leben,
und wo beginnt die Nacht?

Ich könnte meinen, alles
wäre noch Ich ringsum;
durchsichtig wie eines Kristalles
Tiefe, verdunkelt, stumm.

Ich könnte auch noch die Sterne
fassen in mir; so groß
scheint mir mein Herz; so gerne
ließ es ihn wieder los

den ich vielleicht zu lieben,
vielleicht zu halten begann.
Fremd, wie niebeschrieben
sieht mich mein Schicksal an.

Was bin ich unter diese
Unendlichkeit gelegt,
duftend wie eine Wiese,
hin und her bewegt,

rufend zugleich und bange,
daß einer den Ruf vernimmt,
und zum Untergange
in einem Andern bestimmt.

Die Entführung

Oft war sie als Kind ihren Dienerinnen
entwichen, um die Nacht und den Wind
(weil sie drinnen so anders sind)
draußen zu sehn an ihrem Beginnen;

doch keine Sturmnacht hatte gewiß
den riesigen Park so in Stücke gerissen,
wie ihn jetzt ihr Gewissen zerriß,

da er sie nahm von der seidenen Leiter
und sie weitertrug, weiter, weiter ...:

bis der Wagen alles war.

Und sie roch ihn, den schwarzen Wagen,
um den verhalten das Jagen stand
und die Gefahr.
Und sie fand ihn mit Kaltem ausgeschlagen;
und das Schwarze und Kalte war auch in ihr.
Sie kroch in ihren Mantelkragen
und befühlte ihr Haar, als bliebe es hier,
und hörte fremd einen Fremden sagen:
Ichbinbeidir.

Schlaflied

Einmal wenn ich dich verlier,
wirst du schlafen können, ohne
daß ich wie eine Lindenkrone
mich verflüstre über dir?

Ohne daß ich hier wache und
Worte, beinah wie Augenlider,
auf deine Brüste, auf deine Glieder
niederlege, auf deinen Mund.

Ohne daß ich dich verschließ
und dich allein mit Deinem lasse
wie einen Garten mit einer Masse
von Melissen und Stern-Anis

Der Neuen Gedichte anderer Teil

Welche Wiesen duften deine Hände?
Fühlst du wie auf deine Widerstände
stärker sich der Duft von draußen stützt.
Drüber stehn die Sterne schon in Bildern.
Gieb mir, Liebe, deinen Mund zu mildern;
ach, dein ganzes Haar ist unbenützt.

Sieh, ich will dich mit dir selbst umgeben
und die welkende Erwartung heben
von dem Rande deiner Augenbraun;
wie mit lauter Liderinnenseiten
will ich dir mit meinen Zärtlichkeiten
alle Stellen schließen, welche schaun.

Liebesanfang

O Lächeln, erstes Lächeln, unser Lächeln.
Wie war das Eines: Duft der Linden atmen,
Parkstille hören –, plötzlich in einander
aufschaun und staunen bis heran ans Lächeln.

In diesem Lächeln war Erinnerung
an einen Hasen, der da eben drüben
im Rasen spielte; dieses war die Kindheit
des Lächelns. Ernster schon war ihm des Schwanes
Bewegung eingegeben, den wir später
den Weiher teilen sahen in zwei Hälften
lautlosen Abends. – Und der Wipfel Ränder
gegen den reinen, freien, ganz schon künftig
nächtigen Himmel hatten diesem Lächeln
Ränder gezogen gegen die entzückte
Zukunft im Antlitz.

Gegen-Strophen

Oh, daß ihr hier, Frauen, einhergeht,
hier unter uns, leidvoll,
nicht geschonter als wir und dennoch imstande,
selig zu machen wie Selige.

Woher,
wenn der Geliebte erscheint,
nehmt ihr die Zukunft?
Mehr, als je sein wird.
Wer die Entfernungen weiß
bis zum äußersten Fixstern,
staunt, wenn er diesen gewahrt,
euern herrlichen Herzraum.
Wie, im Gedräng, spart ihr ihn aus?
Ihr, voll Quellen und Nacht.

Seid ihr wirklich die gleichen,
die, da ihr Kind wart,
unwirsch im Schulgang
anstieß der ältere Bruder?
Ihr Heilen.

Wo wir als Kinder uns schon
häßlich für immer verzerrn,
wart ihr wie Brot vor der Wandlung.

Abbruch der Kindheit
war euch nicht Schaden. Auf einmal
standet ihr da, wie im Gott
plötzlich zum Wunder ergänzt.

Wir, wie gebrochen vom Berg,
oft schon als Knaben scharf
an den Rändern, vielleicht

manchmal glücklich behaun;
wir, wie Stücke Gesteins,
über Blumen gestürzt.

Blumen des tieferen Erdreichs,
von allen Wurzeln geliebte,
ihr, der Eurydike Schwestern,
immer voll heiliger Umkehr
hinter dem steigenden Mann.

Wir, von uns selber gekränkt,
Kränkende gern   und gern
Wiedergekränkte aus Not.
Wir, wie Waffen, dem Zorn
neben den Schlaf gelegt.

Ihr, die ihr beinah Schutz seid, wo niemand
schützt. Wie ein schattiger Schlafbaum
ist der Gedanke an euch
für die Schwärme des Einsamen.
[Ihr, wo alles erblindet,
Spiegel des Einhorns!]

Heute will ich dir zu Liebe Rosen
fühlen, Rosen fühlen dir zu Liebe,
dir zu Liebe heute lange lange
nicht gefühlte Rosen fühlen: Rosen.

Alle Schalen sind gefüllt; sie liegen
in sich selber, jede hundert Male, –
wie von Talen angefüllte Tale
liegen sie in sich und überwiegen.

So unsäglich wie die Nacht
überwiegen sie den Hingegebnen,
wie die Sterne über Ebnen
überstürzen sie mit Pracht.
Rosennacht, Rosennacht.

Nacht aus Rosen, Nacht aus vielen vielen
hellen Rosen, helle Nacht aus Rosen,
Schlaf der tausend Rosenaugenlider:
heller Rosen-Schlaf, ich bin dein Schläfer.

Heller Schläfer deiner Düfte; tiefer
Schläfer deiner kühlen Innigkeiten.
Wie ich mich dir schwindend überliefer
hast du jetzt mein Wesen zu bestreiten;

sei mein Schicksal aufgelöst
in das unbegreifliche Beruhen,
und der Trieb, sich aufzutuen,
wirke, der sich nirgends stößt.

Rosenraum, geboren in den Rosen,
in den Rosen heimlich auferzogen,
und aus offnen Rosen zugegeben
groß wie Herzraum: daß wir auch nach draußen
fühlen dürfen in dem Raum der Rosen.

Weißt Du noch: auf Deinem Wiesenplatze
las ich Dir am schönen Vormittage,
(jenem ersten, den ich aus dem Schatze
einer wunderschönen Zeit gehoben)
las das Lied der Rühmung und der Klage.
Und mir schien Dein Leben wie von oben
zuzuhören; wie von jeder Seite
kam es näher; aus dem sanften Rasen
stieg es in die Räume meiner Stimme.
Aber plötzlich, da wir nicht mehr lasen
gab ich Dich aus Nachbarschaft und Weite
Dir zurück in Dein gefühltes Wesen.

Fernesein ist nur ein Lauschen: höre.
Und jetzt bist Du diese ganze Stille.
Doch mein Aufblick wird Dich immer wieder
sammeln in den lieben: Deinen Körper.

Immer wieder, ob wir der Liebe Landschaft auch kennen
und den kleinen Kirchhof mit seinen klagenden Namen
und die furchtbar verschweigende Schlucht, in welcher
die anderen
enden: immer wieder gehn wir zu zweien hinaus
unter die alten Bäume, lagern uns immer wieder
zwischen die Blumen, gegenüber dem Himmel.

Drei Gedichte aus dem Umkreis:
Spiegelungen

I

O schöner Glanz des scheuen Spiegelbilds!
Wie darf es glänzen, weil es nirgends dauert.
Der Frauen Dürsten nach sich selber stillts.
Wie ist die Welt mit Spiegeln zugemauert

für sie. Wir fallen in der Spiegel Glanz
wie in geheimen Abfluß unseres Wesens;
sie aber finden ihres dort: sie lesens.
Sie müssen doppelt sein, dann sind sie ganz.

Oh, tritt, Geliebte, vor das klare Glas,
auf daß du seist. Daß zwischen dir und dir
die Spannung sich erneue und das Maß
für das, was unaussprechlich ist in ihr.

Gesteigert um dein Bild: wie bist du reich.
Dein Ja zu dir bejaht dir Haar und Wange;
und überfüllt von solchem Selbstempfange,
taumelt dein Blick und dunkelt im Vergleich.

II

Immer wieder aus dem Spiegelglase
holst du dich dir neu hinzu;
ordnest in dir, wie in einer Vase,
deine Bilder. Nennst es *du*,

dieses Aufblühn deiner Spiegelungen,
die du eine Weile leicht bedenkst,
eh du sie, von ihrem Glück bezwungen,
deinem Leibe wiederschenkst.

III

Ach, an ihr und ihrem Spiegelbilde,
das, wie Schmuck im schonenden Etui,
in ihr dauert, abgelegt ins Milde, –
ruht der Liebende; abwechselnd sie

fühlend und ihr inneres Geschmeid ...
Er: kein eignes Bild in sich verschließend;
aus dem tiefen Innern überfließend
von gewußter Welt und Einsamkeit.

Das Geschlecht ist schwer; ja. Aber es ist Schweres, was uns aufgetragen wurde, fast alles Ernste ist schwer, und alles ist ernst. Wenn Sie das nur erkennen und dazu kommen, aus sich, aus *Ihrer* Anlage und Art, aus *Ihrer* Erfahrung und Kindheit und Kraft heraus ein ganz eigenes (von Konvention und Sitte *nicht* beeinflußtes) Verhältnis zu dem Geschlecht zu erringen, dann müssen Sie nicht mehr fürchten, sich zu verlieren und unwürdig zu werden Ihres besten Besitzes.

Die körperliche Wollust ist ein sinnliches Erlebnis, nicht anders als das reine Schauen oder das reine Gefühl, mit dem eine schöne Frucht die Zunge füllt; sie ist eine große unendliche Erfahrung, die uns gegeben wird, ein Wissen von der Welt, die Fülle und der Glanz alles Wissens. Und nicht, daß wir sie empfangen, ist schlecht; schlecht ist, daß fast alle diese Erfahrung mißbrauchen und vergeuden und sie als Reiz an die müden Stellen ihres Lebens setzen und als Zerstreuung statt als Sammlung zu Höhepunkten. Die Menschen haben ja auch das Essen zu etwas anderem gemacht: Not auf der einen, Überfluß auf der anderen Seite haben die Klarheit dieses Bedürfnisses getrübt, und ähnlich trübe sind alle die tiefen, einfachen Notdürfte geworden, in denen das Leben sich erneuet. Aber der einzelne kann sie für sich klären und klar leben, (und wenn nicht der einzelne, der zu abhängig ist, so doch der Einsame). Er kann sich erinnern, daß alle Schönheit in Tieren und Pflanzen eine stille dauernde Form von Liebe und Sehnsucht ist, und er kann das Tier sehen, wie er die Pflanze sieht, geduldig und willig sich vereinigend und vermehrend und wachsend nicht aus physischer Lust, nicht aus physischem Leid, Notwendigkeiten sich neigend, die größer sind als Lust und Leid und gewaltiger denn Wille und Widerstand. O daß der Mensch dieses Geheimnis, dessen die Erde voll ist bis in ihre kleinsten Dinge, demütiger empfinge und ernster trüge, ertrüge und fühlte, wie schrecklich schwer es ist, statt es leicht zu nehmen. Daß er ehrfürchtig wäre gegen seine Fruchtbarkeit, die nur *eine* ist, ob sie geistig oder körperlich scheint; denn auch das geistige Schaffen stammt von dem physischen her, ist eines Wesens mit ihm und nur wie eine leisere, entzücktere und ewigere Wiederholung leiblicher Wollust. ‹...› Und die in den Nächten zusammenkommen und verflochten sind in wiegender Wollust, tun eine ernste Arbeit und sammeln Süßigkeiten an, Tiefe und Kraft für das Lied irgendeines kommenden Dichters, der aufstehn wird, um unsägliche Wonnen zu sagen. ‹...›

Vielleicht ist über allem eine große Mutterschaft, als gemeinsame Sehnsucht. Die Schönheit der Jungfrau, eines Wesens »das (wie Sie so schön sagen) noch nichts geleistet hat«, ist Mutterschaft, die sich ahnt und vorbereitet, ängstigt und sehnt. Und der Mutter Schönheit ist dienende Mutterschaft, und in der Greisin ist eine große Erinnerung. Und auch im Mann ist Mutterschaft, scheint mir, leibliche und geistige; sein Zeugen ist auch eine Art Gebären, und Gebären ist es, wenn er schafft aus innerster Fülle. Und vielleicht sind die Geschlechter verwandter, als man meint, und die große Erneuerung der Welt wird vielleicht darin bestehen, daß Mann und Mädchen sich, befreit von allen Irrgefühlen und Unlüsten, nicht als Gegensätze suchen werden, sondern als Geschwister und Nachbarn und sich zusammentun werden als *Menschen*, um einfach, ernst und geduldig das schwere Geschlecht, das ihnen auferlegt ist, gemeinsam zu tragen.

Briefe an einen jungen Dichter
An Franz Xaver Kappus, 16. Juli 1903

Leda

Als ihn der Gott in seiner Not betrat,
erschrak er fast, den Schwan so schön zu finden;
er ließ sich ganz verwirrt in ihm verschwinden.
Schon aber trug ihn sein Betrug zur Tat,

bevor er noch des unerprobten Seins
Gefühle prüfte. Und die Aufgetane
erkannte schon den Kommenden im Schwane
und wußte schon: er bat um Eins,

das sie, verwirrt in ihrem Widerstand,
nicht mehr verbergen konnte. Er kam nieder
und halsend durch die immer schwächre Hand

ließ sich der Gott in die Geliebte los.
Dann erst empfand er glücklich sein Gefieder
und wurde wirklich Schwan in ihrem Schoß.

Der Neuen Gedichte anderer Teil

Schwindende, du kennst die Türme nicht.
Doch nun sollst du einen Turm gewahren
mit dem wunderbaren
Raum in dir. Verschließ dein Angesicht.
Aufgerichtet hast du ihn
ahnungslos mit Blick und Wink und Wendung.
Plötzlich starrt er von Vollendung,
und ich, Seliger, darf ihn beziehn.
Ach wie bin ich eng darin.
Schmeichle mir, zur Kuppel auszutreten:
um in deine weichen Nächte hin
mit dem Schwung schoßblendender Raketen
mehr Gefühl zu schleudern, als ich bin.

‹Sieben Gedichte›

Wie hat uns der zu weite Raum verdünnt.
Plötzlich besinnen sich die Überflüsse.
Nun sickert durch das stille Sieb der Küsse
des bittren Wesens Alsem und Absynth.

Was sind wir viel, aus meinem Körper hebt
ein neuer Baum die überfüllte Krone
und ragt nach dir: denn sieh, was ist er ohne
den Sommer, der in deinem Schoße schwebt.
Bist du's bin ich's, den wir so sehr beglücken?
Wer sagt es, da wir schwinden. Vielleicht steht
im Zimmer eine Säule aus Entzücken,
die Wölbung trägt und langsamer vergeht.

‹Sieben Gedichte›

Warst Du's, die ich im starken Traum umfing
und an mich hielt – und der ich mit dem Munde
ablöste von der linken Brust ein Ding,
ein braunes Glasaug wie von einem Hunde,
womit die Kinder spielen ..., oder Reh,
wie es als Spielzeug dient? – Ich nahm es mir
erschrocken von den Lippen. Und ich seh,
wie ich Dir's zeige und es dann verlier.
Du aber, die das alles nicht erschreckte,
hobst Dein Gesicht, als sagte das genug.
Und es schien schauender, seit die entdeckte
geküßte Brust das Auge nicht mehr trug.

Briefwechsel mit Erika Mitterer. Siebente Antwort, 4

An Rudolf Bodländer

23. März 1922

Das Entsetzliche ist, daß wir keine Religion besitzen, in der diese Erfahrungen, so wörtlich und handgreiflich wie sie sind (: denn: zugleich so unsäglich und so unantastbar), in den Gott gehoben werden dürfen, in den Schutz einer phallischen Gottheit, die vielleicht die *erste* wird sein müssen, mit der wieder eine Götterschar bei den Menschen einbricht, nach so langer Abwesenheit. Was soll uns denn beistehen, wenn die religiösen Hilfen versagen –, indem sie diese Erlebnisse vertuschen, statt sie zu verklären und sie uns entziehen möchten, statt sie herrlicher, als wir sie zu ahnen wagten, in uns einzusetzen. Hier sind wir die unbeschreiblich Verlassenen und Verratenen: daher unser Verhängnis. Indem die Religionen, an den Oberflächen verlöschend und immer mehr erloschene Oberfläche ansetzend, zu Moralitäten abstarben, versetzten sie auch diese Erscheinung, die innerste ihres und unseres Daseins, auf den kalt gewordenen Boden des Moralischen und damit, notwendig, ins Periphere. Nach und nach wird man einsehen, daß *hier*, nicht im Sozialen oder Ökonomischen, unser zeitgenössisches großes Verhängnis sei –, in dieser Verdrängung des Liebesakts ins Peripherische; des klarschauenden Einzelnen Kraft verbraucht sich nun daran, ihn wieder mindestens in die *eigene* Mitte zu rücken (wenn er schon nicht in der allgemeinen Weltmitte steht, was das sofortige Durchblutet- und Durchströmtsein der Welt mit Göttern zur Folge hätte!), – der Blindlebige freut sich, im Gegenteil, irgendwie an dem peripherisch-zugänglichen des »Genusses« und rächt sich (gegen seinen Willen klarsichtig) für sein dort doch Wertlossein, indem er diesen Genuß zugleich sucht und schmäht. – Absage im Oberflächlichen ist *kein* Fortschritt, und es hat keinen Sinn, den »Willen« (der ja überdies eine zu junge und neue Kraft ist, gemessen an dem uralten Rechthaben des Triebs) dafür anzustrengen. Liebes-Absage oder Liebes-Erfüllung, *beide* sind nur dort wunderbar und ohne Gleichen, wo das ganze Liebeserlebnis mit *allen* seinen voneinander kaum unterscheidbaren Entzückungen (die untereinander so alternieren, daß Seelisches und Leibliches gerade *dort* nicht mehr sich trennen läßt) eine zentrale Lage einnehmen darf: dort wird ja dann auch (in der Hingerissenheit einiger Liebender oder Heiliger *aller* Zeiten und *aller* Religionen) Absage und Ausfüllung identisch. Wo das Unendliche *ganz* eintritt (sei es als Minus oder Plus), fällt das Vorzeichen *weg*, das, ach, so menschliche, als der vollendete Weg, der *nun* gegangen ist, – und was bleibt, ist das Angekommensein, *das Sein!* –

Mädchen ordnen dem lockigen
Gott seinen Rebenhang;
Ziegen stocken, die bockigen,
Weinbergmauern entlang.

Amsel formt ihren Lock-Ruf rund,
daß er rollt in den Raum;
Glück der Wiesen wird Hintergrund
für den glücklichen Baum.

Wasser verbinden, was abgetrennt
drängt ins verständigte Sein,
mischen in alles ein Element
flüssigen Himmels hinein.

Welt war in dem Antlitz der Geliebten –,
aber plötzlich ist sie ausgegossen:
Welt ist draußen, Welt ist nicht zu fassen.

Warum trank ich nicht, da ich es aufhob,
aus dem vollen, dem geliebten Antlitz
Welt, die nah war, duftend meinem Munde?

Ach, ich trank. Wie trank ich unerschöpflich.
Doch auch ich war angefüllt mit zuviel
Welt, und trinkend ging ich selber über.

Die Einsamkeit ist wie ein Regen

Heb mich aus meines Abfalls Finsternissen
in dein Gesicht, das mich so süß erkennt.
Wie war ich, damals, zu dir hingerissen,
in meines Herzens Element.

Nun fiel ich ab und muß mich trübe trösten
mit wirrem, wucherndem Gelüst;
du hast den Innigen, dir Eingeflößten,
Geliebte, nicht zuend geküßt.

Die Sehnsucht, die du namenlos erlitten,
bricht nun in meinen Adern aus und schreit.
Wie trugst du nur in deinen Liebesmitten
die Leere, die den Einsamen entzweit!

Wir *sind* einsam. Man kann sich darüber täuschen und tun, als wäre es nicht so. Das ist alles. Wieviel besser ist es aber, einzusehen, daß wir es sind, ja geradezu, davon auszugehen. Da wird es freilich geschehen, daß wir schwindeln; denn alle Punkte, worauf unser Auge zu ruhen pflegte, werden uns fortgenommen, es gibt nichts Nahes mehr, und alles Ferne ist unendlich fern. Wer aus seiner Stube, fast ohne Vorbereitung und Übergang, auf die Höhe eines großen Gebirges gestellt würde, müßte Ähnliches fühlen: eine Unsicherheit ohnegleichen, ein Preisgegebensein an Namenloses würde ihn fast vernichten. Er würde vermeinen zu fallen oder sich hinausgeschleudert glauben in den Raum oder in tausend Stücke auseinandergesprengt: welche ungeheuere Lüge müßte sein Gehirn erfinden, um den Zustand seiner Sinne einzuholen und aufzuklären. So verändern sich für den, der einsam wird, alle Entfernungen, alle Maße; von diesen Veränderungen gehen viele plötzlich vor sich und, wie bei jenem Mann auf dem Berggipfel, entstehen dann ungewöhnliche Einbildungen und seltsame Empfindungen, die über alles Erträgliche hinauszuwachsen scheinen. Aber es ist notwendig, daß wir auch *das* erleben. Wir müssen unser Dasein so *weit*, als es irgend geht, annehmen; alles, auch das Unerhörte, muß darin möglich sein. Das ist im Grunde der einzige Mut, den man von uns verlangt: mutig zu sein zu dem Seltsamsten, Wunderlichsten und Unaufklärbarsten, das uns begegnen kann. ‹...›

Wir haben keinen Grund, gegen unsere Welt Mißtrauen zu haben, denn sie ist nicht gegen uns. Hat sie Schrecken, so sind es *unsere* Schrecken, hat sie Abgründe, so gehören diese Abgründe uns, sind Gefahren da, so müssen wir versuchen, sie zu lieben. Und wenn wir nur unser Leben nach jenem Grundsatze einrichten, der uns rät, daß wir uns immer an das Schwere halten müssen, so wird das, welches uns jetzt noch als das Fremdeste erscheint, unser Vertrautestes und Treuestes werden. Wie sollten wir jener alten Mythen vergessen können, die am Anfange aller Völker stehen; der Mythen von den Drachen, die sich im äußersten Augenblick in Prinzessinnen verwandeln; vielleicht sind alle Drachen unseres Lebens Prinzessinnen, die nur darauf warten, uns einmal schön und mutig zu sehen. Vielleicht ist alles Schreckliche im tiefsten Grunde das Hilflose, das von uns Hilfe will.

Briefe an einen jungen Dichter
An Franz Xaver Kappus, 12. August 1904

Zum Einschlafen zu sagen

Ich möchte jemanden einsingen,
bei jemandem sitzen und sein.
Ich möchte dich wiegen und kleinsingen
und begleiten schlafaus und schlafein.
Ich möchte der Einzige sein im Haus,
der wüßte: die Nacht war kalt.
Und möchte horchen herein und hinaus
in dich, in die Welt, in den Wald.
Die Uhren rufen sich schlagend an,
und man sieht der Zeit auf den Grund.
Und unten geht noch ein fremder Mann
und stört einen fremden Hund.
Dahinter wird Stille. Ich habe groß
die Augen auf dich gelegt;
und sie halten dich sanft und lassen dich los,
wenn ein Ding sich im Dunkel bewegt.

Das Buch der Bilder

Von den Fontänen

Auf einmal weiß ich viel von den Fontänen,
den unbegreiflichen Bäumen aus Glas.
Ich könnte reden wie von eignen Tränen,
die ich, ergriffen von sehr großen Träumen,
einmal vergeudete und dann vergaß.

Vergaß ich denn, daß Himmel Hände reichen
zu vielen Dingen und in das Gedränge?
Sah ich nicht immer Großheit ohnegleichen
im Aufstieg alter Parke, vor den weichen
erwartungsvollen Abenden, – in bleichen
aus fremden Mädchen steigenden Gesängen,
die überfließen aus der Melodie
und wirklich werden und als müßten sie
sich spiegeln in den aufgetanen Teichen?

Ich muß mich nur erinnern an das Alles,
was an Fontänen und an mir geschah, –
dann fühl ich auch die Last des Niederfalles,
in welcher ich die Wasser wiedersah:
Und weiß von Zweigen, die sich abwärts wandten,
von Stimmen, die mit kleiner Flamme brannten,
von Teichen, welche nur die Uferkanten
schwachsinnig und verschoben wiederholten,
von Abendhimmeln, welche von verkohlten
westlichen Wäldern ganz entfremdet traten
sich anders wölbten, dunkelten und taten
als wär das nicht die Welt, die sie gemeint ...

Vergaß ich denn, daß Stern bei Stern versteint
und sich verschließt gegen die Nachbargloben?
Daß sich die Welten nur noch wie verweint
im Raum erkennen? – Vielleicht sind wir *oben*,
in Himmel andrer Wesen eingewoben,

die zu uns aufschaun abends. Vielleicht loben
uns ihre Dichter. Vielleicht beten viele
zu uns empor. Vielleicht sind wir die Ziele
von fremden Flüchen, die uns nie erreichen,
Nachbaren eines Gottes, den sie meinen
in unsrer Höhe, wenn sie einsam weinen,
an den sie glauben und den sie verlieren,
und dessen Bildnis, wie ein Schein aus ihren
suchenden Lampen, flüchtig und verweht,
über unsere zerstreuten Gesichter geht ...

Das Buch der Bilder

Ich bin nur einer deiner Ganzgeringen,
der in das Leben aus der Zelle sieht
und der, den Menschen ferner als den Dingen,
nicht wagt zu wägen, was geschieht.
Doch willst du mich vor deinem Angesicht,
aus dem sich dunkel deine Augen heben,
dann halte es für meine Hoffahrt nicht,
wenn ich dir sage: Keiner lebt sein Leben.
Zufälle sind die Menschen, Stimmen, Stücke,
Alltage, Ängste, viele kleine Glücke,
verkleidet schon als Kinder, eingemummt,
als Masken mündig, als Gesicht – verstummt.

Ich denke oft: Schatzhäuser müssen sein,
wo alle diese vielen Leben liegen
wie Panzer oder Sänften oder Wiegen,
in welche nie ein Wirklicher gestiegen,
und wie Gewänder, welche ganz allein
nicht stehen können und sich sinkend schmiegen
an starke Wände aus gewölbtem Stein.

Und wenn ich abends immer weiterginge
aus meinem Garten, drin ich müde bin, –
ich weiß: dann führen alle Wege hin
zum Arsenal der ungelebten Dinge.
Dort ist kein Baum, als legte sich das Land,
und wie um ein Gefängnis hängt die Wand
ganz fensterlos in siebenfachem Ringe.
Und ihre Tore mit den Eisenspangen,
die denen wehren, welche hinverlangen,
und ihre Gitter sind von Menschenhand.

Das Stunden-Buch

Und doch, obwohl ein jeder von sich strebt
wie aus dem Kerker, der ihn haßt und hält, –
es ist ein großes Wunder in der Welt:
ich fühle: *alles Leben wird gelebt.*

Wer lebt es denn? Sind das die Dinge, die
wie eine ungespielte Melodie
im Abend wie in einer Harfe stehn?
Sind das die Winde, die von Wassern wehn,
sind das die Zweige, die sich Zeichen geben,
sind das die Blumen, die die Düfte weben,
sind das die langen alternden Alleen?
Sind das die warmen Tiere, welche gehn,
sind das die Vögel, die sich fremd erheben?

Wer lebt es denn? Lebst du es, Gott, – das Leben?

Das Stunden-Buch

Einsamkeit

Die Einsamkeit ist wie ein Regen.
Sie steigt vom Meer den Abenden entgegen;
von Ebenen, die fern sind und entlegen,
geht sie zum Himmel, der sie immer hat.
Und erst vom Himmel fällt sie auf die Stadt.

Regnet hernieder in den Zwitterstunden,
wenn sich nach Morgen wenden alle Gassen
und wenn die Leiber, welche nichts gefunden,
enttäuscht und traurig von einander lassen;
und wenn die Menschen, die einander hassen,
in *einem* Bett zusammen schlafen müssen:

dann geht die Einsamkeit mit den Flüssen ...

Das Buch der Bilder

Es gibt nur eine Einsamkeit

Es gibt nur *eine* Einsamkeit, und die ist groß und ist nicht leicht zu tragen, und es kommen fast allen die Stunden, da sie sie gerne vertauschen möchten gegen irgendeine noch so banale und billige Gemeinsamkeit, gegen den Schein einer geringen Übereinstimmung mit dem Nächstbesten, mit dem Unwürdigsten ... Aber vielleicht sind das gerade die Stunden, wo die Einsamkeit wächst; denn ihr Wachsen ist schmerzhaft wie das Wachsen der Knaben und traurig wie der Anfang der Frühlinge. Aber das darf Sie nicht irremachen. Was not tut, ist doch nur dieses: Einsamkeit, große innere Einsamkeit. In-sich-Gehen und stundenlang niemandem begegnen, – das muß man erreichen können. Einsamsein, wie man als Kind einsam war, als die Erwachsenen umhergingen, mit Dingen verflochten, die wichtig und groß schienen, weil die Großen so geschäftig aussahen und weil man von ihrem Tun nichts begriff.

Und wenn man eines Tages einsieht, daß ihre Beschäftigungen armselig, ihre Berufe erstarrt und mit dem Leben nicht mehr verbunden sind, warum dann nicht weiter wie ein Kind darauf hinsehen als auf ein Fremdes, aus der Tiefe der eigenen Welt heraus, aus der Weite der eigenen Einsamkeit, die selber Arbeit ist und Rang und Beruf? Warum eines Kindes weises Nicht-Verstehen vertauschen wollen gegen Abwehr und Verachtung, da doch Nicht-Verstehen Alleinsein ist, Abwehr und Verachtung aber Teilnahme an dem, wovon man sich mit diesen Mitteln scheiden will.

Briefe an einen jungen Dichter
An Franz Xaver Kappus, 23. Dezember 1903

Eingang.
Ist es eine Frage?
Ja, eine Frage.
Ich liebe diese Stunde, die anders ist, kommt und geht.
Nein, nicht die Stunde, diesen Augenblick liebe ich, der
so still ist. Diesen Anfangs-Augenblick, diese Initiale der
Stille, diesen ersten Stern, diesen Anfang. Dieses Etwas
in mir, das aufsteht, wie junge Mädchen aufstehn in ihrer
weißen Mansarde. In der weißen Mansarde, in der sie
wohnen, seit sie erwachsen sind. (O das kam eines Tages
und da verwandelte sich das ganze Haus.) Nun aber ist die
weiße Mansarde das Leben und wenn man am Morgen an
das immer offene Fenster tritt, so sieht man die Welt.
Große Bäume sieht man, die immer noch wachsen, Vögel
sieht man und große Zweige schwanken von ihrem Abflug
und es ist als wäre der Wind in einem Tier und in den
Stämmen die Stille.
Ich liebe diesen Wind, diesen weiten verwandelnden
Wind, der dem Frühling vorangeht, ich liebe das Geräusch
dieses Windes und seine ferne Gebärde, die mitten durch
alle Dinge geht als wären sie nicht.
Diese Nacht liebe ich. Nein, nicht diese Nacht, diesen
Nachtanfang, diese eine lange Anfangszeile der Nacht, die
ich nicht lesen werde, weil sie kein Buch für Anfänger ist.
Diesen Augenblick liebe ich, der nun vorüber ist und von
dem ich, da er verging, fühlte, daß er erst sein wird. – Völ-
ker ihr seid vorbei, Könige ihr seid Grabsteine, Berge und
bronzene Bilder und wer weiß noch von euch, Frauen,
wenn ihr gestorben seid. Wie lange wird es noch dauern
und man vergißt die Geschichte; denn einmal kommt das
große Ausräumen der Gedächtnissse und dann wird, wie
aus alten Schubladen, alles ins Feuer geworfen werden,
Briefe, Bilder, Bänder und Blumen. Ihr großen Ereignisse,
ihr Schlachten und Friedensschlüsse, ihr Fügungen und

Zufälle und ihr, Begegnungen, Gesten und entfernte Gestalten, ihr seid vergangen wie die Gastmähler, die vor Geladenen vergehn, wie die Feste, zu denen Unfestliche sich zusammenfinden, wie die Abendandachten der Gottgewohnten. Vor vielen habt ihr euch vollzogen, wie das Spiel auf der Schaubühne, das zu einer gewissen Stunde enden muß und nichts sein. Vor ihnen allen, vor Hunderten von Neugierigen, habt ihr getanzt, den nackten Bauchtanz und die Schleiertänze des Schicksals und wie die Zauberer, die man auf den Märkten sieht, so wart ihr voll heimlicher Taschen und Überraschungen. Hättet ihr wenigstens Schlangen gehabt, Giftschlangen, in der Furcht eurer Flöten; Schlangen mit einem großen Gift, davon ein Tropfen genug ist, um Geschlechter zu töten bis ins siebente Glied, – aber es hüpfte soviel harmloses Getier zu euerem Takte. Kartenschläger wart ihr, die das bißchen Gestern, das sie unredlich erschlichen hatten, umdrehten, es von hinten lasen wie ein armseliges, einsilbiges Wort und beteuerten: so hieße die Zukunft. Man möchte euch, ihr gewesenen Schatten und Schicksale, unter die Dirnen zählen, und nichteinmal unter die größten; denn ihr seid alt geworden wie die Lustmädchen, denen ihr Leib ein geringes Gewerbe ist und ein billiges Trinkglas; ihr hattet ein langes Leben unter der Schminke und da schon alle euch genossen hatten, ihr Abgestandenen, und ihr immer noch lebtet, so wartetet ihr, daß die Knaben heranwüchsen, und begegnet ihnen in der Dämmerung, bis sie Lust zu euch hatten, die Hülflosen. Wie eine Seuche wurdet ihr, ihr großen öffentlichen Ereignisse, weitergegeben von Blut zu Blut und verdorben habt ihr die Säfte der Männer und das Dunkel der Gebärmutter habt ihr mit bangen Bildern erfüllt. Ihr, die ihr schon vergangen wart, da ihr geschaht, ihr über und übervergangenen Vorgänge, ihr Historienbilder des Herzens, hängt euch nichtmehr an jene, die leben; denn ihr seid Lügen und Leblose, Leichname seid ihr voll Gift, Schwere und Fäulnis. Ihr Gemeinsamkeiten aus ge-

stern und vorgestern, es war nicht *mehr* Wirklichkeit
in euch als in allen den Gemeinsamkeiten von heute, die
Mißverständnisse sind, Ermattungen und Meineide. Wel-
cher Knabe, der sich vor seinen Eltern zurückzog und
zuschloß, welches Mädchen, das auf den Gartenwegen la-
chend seine Freundinnen kommen hörte, hat nicht einen
Herzschlag lang gewußt, daß es keine gemeinsamen Erleb-
nisse giebt und daß man nur Trennungen teilen kann und
Abschiede. Aber mehr als alle Umgebung, mehr als des All-
tags leise geneigte Fläche hat das Zureden jener festlichen
und fernen Einstimmigkeiten, mit welchen alle Überliefe-
rungen angefüllt sind, die klar Erwachenden irre gemacht
und beschlagen. Wie wund muß die harte, fortwährende
Erfahrung diese weichen Werdenden gerieben haben,
wenn sie bewies, daß die Einsamen nichts sind und daß
man sich, wenn sie nicht rechtzeitig mit der Weisheit ihrer
Wüsten angetan, unter die Leute zurückkommen, über sie
fort verständigt, wie über Gräber hin. Schon wagt man
kaum mehr, darüber zu weinen, daß sie fast alle zurückge-
kehrt sind, ihr jahrelanges Schweigen wegschenkend in
den Worten eines Abends, mit einer Gebärde ihrer hei-
lenden Hand ihre gesammelte Seele ausstreuend, die un-
sagbar war. Im Klang ihrer Stimme, in einem Heben und
Senken des Kinns, in einem unscheinbaren Lächeln, das
keiner bemerkt hat, rinnen sie hin in das Nichts, während
Worte, welche sie selber nicht meinen, in die Menschen
eingehen und Staaten stiften. Und sie, die Einsamen, die
fortgegangen sind, weil auf der ganzen Welt keiner war,
der sie begriff; sie sind jetzt die Verständlichsten, der
Gemeinplatz, auf dem alle zusammenkommen. Eine Be-
wegung entsteht, eine Welle wächst an, die ihren Namen
(*ihren* Namen, ach, irgendeinen sinnlosen, abgefallenen
Namen) trägt, hochträgt, tiefträgt, ländet. Und von dieser
Welle reden sie alle. Und von dieser Welle steht in den Bü-
chern geschrieben. Und dieser Welle leerer schmetternder
Lärm lebt in den Herzen der Menschen.

Aber auch von jenen anderen Einsamen, die nicht zurückgekommen sind, wissen wir nichts. Man hat sie in ihren vergessenen Gräbern gesucht; die Talismane hat man aus ihren zerfallenen Fingern genommen, die Blumen-Blätter aus ihrem offenen Munde geholt und die Balsambüchsen, die bei ihrem Herzen standen, hat man erbrochen. Und das Geräusch dieses Diebstahls ist weitergegeben worden, als ob es die Legende vom Leben jener Toten wäre; denn dieses Leben, das in Wirklichkeit einsam vergangen war, sollte mit einer Zeit verknüpft werden, sollte ein Leben unter vielen scheinen, ein kleines Glied in einer wirren Kette. Denn so will es die Menge.

Sie will nicht, daß es Einsame giebt; schließ dich ein und sie wird sich sammeln vor deiner Tür wie vor der Tür eines Selbstmörders. Geh in den öffentlichen Gärten die kleinen Seiten-Alleen auf und nieder und sie wird auf dich mit den Fingern weisen. Sprich nicht zu deinem Nachbar, wenn er vor seiner Tür sitzt, geh gesenkten Hauptes an ihm vorbei, weil der Abend dich still macht, und er wird dir nachsehen und wird seine Frau oder seine Mutter rufen, damit sie käme, dich mit ihm zu hassen. Und es kann sein, daß seine Kinder dir Steine nachwerfen und dich verwunden.

Schwer haben es die Einsamen.

Die Eltern erschrecken, wenn sie an ihren Kindern die leise Neigung entdecken, allein zu sein; unheimlich scheinen ihnen jene scheuen Knaben, die schon frühe ihre eigenen Freuden haben und ihr eigenes Leid; Fremde sind sie in der Familie, Eindringlinge und feindliche Beobachter, und der Haß gegen sie wächst von Tag zu Tag und ist schon ganz groß wenn sie noch klein sind. So fangen Leben an, Schicksale beginnen so in der Tiefe der Tränen, jene Schicksale, welche uns nicht überliefert sind, weil das Gespräch einer Dienstmagd oder das Knattern eines Wagens sie übertönt. Stellt euch nur vor jenes Fenster; ich fühle doch, daß dahinter in unendlicher Bangnis ein Leben aufschluchzt, das zur Einsamkeit steigt wie ein steiler Weg.

Lacht nur in jenem Haus und schlagt mit den Türen; ich höre doch das Herz eines Mädchens, das Angst hat, wie eine große Glocke schlägt es in mir. Ich kann nicht hinaustreten in die Nacht, ohne von allen den jungen Menschen zu wissen, die wachen; der Klang, mit dem ihre Fenster aufgehen, zittert in mir, die vorsichtigen und bangen Gebärden ihrer Hände rühren sich in den meinen. Ich wünsche mich nicht zu ihnen hin, denn was könnte ich ihnen sagen, das mehr wäre als ihr Schmerz oder erhabener als ihr Schweigen. Ich störe sie nicht. Aber ich bin ganz davon erfüllt, daß das Leben jener Einsamen eine von den großen Kräften ist, die auf mich wirken aus der Tiefe der Nacht. Sie erreichen mich, sie verwandeln mich, und es giebt Stellen in mir, die ganz hell sind und still in dem Lichte liegen, das von ihnen ausgeht.

Ich glaube nicht, daß es noch eine andere Gemeinsamkeit giebt, oder eine Berührung, die näher ist. Aber ich denke, wenn diese jungen Menschen, die einsam sind, so auf mich einstrahlen und einströmen aus den fremden Fernen der Nacht, obwohl sie nichts tun als traurig am Fenster stehn, welche Gewalt müssen gewisse Einsame über mein Leben haben, die froh sind und voll innerer Handlung? Und es ist mir, als wäre es für diese Einflüsse gleichgültig, ob die Einsamen, welche sie wirken, im Leben sind oder Namen unter den Toten. Weiß man es nicht, daß des Einsamen Schicksal in anderer Richtung vergeht als die von der Zeit ergriffenen Schicksale der Menge? Es fällt nicht schwer zurück ins Vergangene, sein Geschehen ist kein Ende und keine Ermüdung folgt ihm nach; des Einsamen Tat, ja sein Lächeln sogar, sein Traum und seine geringste Gebärde stehen auf, wie Ausgeruhtes aufsteht, und gehn in die Zukunft hinein, gehn ohne Ende. Sollte man es wirklich vergessen haben, daß der Atem der Einsamen uns umgiebt, daß das Rauschen ihres Blutes wie ein nahes Meer unsere Stille erfüllt, daß ihre schweren Stunden Gestirne und Stern-Bilder sind in unseren dunkelsten Nächten.

Wenn es einmal irgendwo einen Schaffenden gegeben hat (und ich rede von den Schaffenden, weil sie zu den Einsamsten gehören) der in Tagen unsäglicher Sammlung die Welt eines Werkes schuf, kann es sein, daß dieses Lebens Fortschritt und Ferne uns verloren gegangen ist, weil die Zeit seines Werkes Gestalt zerschlagen hat, weil wir es nicht besitzen? Spricht nicht vielmehr die sicherste Stimme in uns davon, daß der Wind, der in dem werdenden Werke war, über seine Ränder hinaus gewirkt hat auf Blumen und Tiere, auf Niederschläge und Neigungen und auf die Geburten der Frauen? Wer weiß, ob nicht dieses Bild, diese Statue oder jenes vergangene Gedicht nur die erste und nächste unter vielen Verwandlungen war, die des Handelnden Kraft im Augenblicke ihrer Verklärung vollzog? Die Zellen entlegener Dinge haben sich vielleicht nach den entstehenden Rhythmen geordnet, der Anlaß zu neuen Arten war da, und es ist nicht unmöglich, daß wir anders geworden sind durch die Macht eines einsamen Dichters, der vor Hunderten von Jahren gelebt hat und von dem wir nichts wissen. Oder giebt es jemanden, der im Ernste meint, eines Heiligen Gebet, der unsäglich verlassene Sterbetag eines Kindes oder die Einzelhaft eines großen Verbrechers könnten so zergangen sein wie ein Ja und ein Nein oder wie der Lärm einer Türe, die zufällt?

Ich glaube, daß alles, was wirklich geschieht, ohne Todesfurcht ist; ich glaube, daß die Willen langvergangener Menschen, daß die Bewegung, mit der sie ihre Hand in einem gewissen bedeutungsvollen Augenblick öffneten, daß das Lächeln, mit welchem sie an irgend einem fernen Fenster standen, – ich glaube, daß alle diese Erlebnisse von Einsamen in fortwährenden Verwandlungen unter uns leben. Sie sind da, vielleicht etwas abgerückt von uns nach der Seite der Dinge hin, aber sie sind da, gleich wie die Dinge da sind, und wie sie ein Teil unseres Lebens.

... Und sagen sie das Leben sei ein Traum:

                            das nicht;
nicht Traum allein. Traum ist ein Stück vom Leben.
Ein wirres Stück, in welchem sich Gesicht
und Sein verbeißt und ineinanderflicht
wie goldne Tiere, Königen von Theben
aus ihrem Tod genommen (der zerbricht).

Traum ist Brokat der von dir niederfließt,
Traum ist ein Baum, ein Glanz der geht, ein Laut –;
ein Fühlen das in dir beginnt und schließt
ist Traum; ein Tier das dir ins Auge schaut
ist Traum; ein Engel welcher dich genießt
ist Traum. Traum ist das Wort, das sanften Falles
in dein Gefühl fällt wie ein Blütenblatt
das dir im Haar bleibt: licht, verwirrt und matt –,
hebst du die Hände auf: auch dann kommt Traum,
kommt in sie wie das Fallen eines Balles –;
fast alles träumt –,

                    du aber trägst das alles.

Du trägst das alles. Und wie trägst du's schön.
So wie mit deinem Haar damit beladen.
Und aus den Tiefen kommt es, von den Höhn
kommt es zu dir und wird von deinen Gnaden ...

Da wo du bist hat nichts umsonst geharrt,
um dich die Dinge nehmen nirgend Schaden,
und mir ist so als hätt ich schon gesehn,
daß Tiere sich in deinen Blicken baden
und trinken deine klare Gegenwart.

Nur wer du bist: das weiß ich nicht. Ich weiß
nur deinen Preis zu singen: Sagenkreis

um eine Seele,
                    Garten um ein Haus,
in dessen Fenstern ich den Himmel sah –.

O so viel Himmel, ziehend, von so nah;
o so viel Himmel über so viel Ferne.

Und wenn es Nacht ist –: was für große Sterne
müssen sich nicht in diesen Fenstern spiegeln …

Einmal nahm ich zwischen meine Hände
dein Gesicht. Der Mond fiel darauf ein.
Unbegreiflichster der Gegenstände
unter überfließendem Gewein.

Wie ein williges, das still besteht,
beinah war es wie ein Ding zu halten.
Und doch war kein Wesen in der kalten
Nacht, das mir unendlicher entgeht.

O da strömen wir zu diesen Stellen,
drängen in die kleine Oberfläche
alle Wellen unsres Herzens,
Lust und Schwäche,
und wem halten wir sie schließlich hin?

Ach dem Fremden, der uns mißverstanden,
ach dem andern, den wir niemals fanden,
denen Knechten, die uns banden,
Frühlingswinden, die damit entschwanden,
und der Stille, der Verliererin.

Ausgesetzt auf den Bergen des Herzens. Siehe, wie
                                                klein dort,
siehe: die letzte Ortschaft der Worte, und höher,
aber wie klein auch, noch ein letztes
Gehöft von Gefühl. Erkennst du's?
Ausgesetzt auf den Bergen des Herzens, Steingrund
unter den Händen. Hier blüht wohl
einiges auf; aus stummem Absturz
blüht ein unwissendes Kraut singend hervor.
Aber der Wissende? Ach, der zu wissen begann
und schweigt nun, ausgesetzt auf den Bergen
                                                des Herzens.
Da geht wohl, heilen Bewußtseins,
manches umher, manches gesicherte Bergtier,
wechselt und weilt. Und der große geborgene Vogel
kreist um der Gipfel reine Verweigerung. – Aber
ungeborgen, hier auf den Bergen des Herzens ....

... und du lebtest doch

Ich fürchte mich so vor der Menschen Wort.
Sie sprechen alles so deutlich aus:
Und dieses heißt Hund und jenes heißt Haus,
und hier ist Beginn und das Ende ist dort.

Mich bangt auch ihr Sinn, ihr Spiel mit dem Spott,
sie wissen alles, was wird und war;
kein Berg ist ihnen mehr wunderbar;
ihr Garten und Gut grenzt grade an Gott.

Ich will immer warnen und wehren: Bleibt fern.
Die Dinge singen hör ich so gern.
Ihr rührt sie an: sie sind starr und stumm.
Ihr bringt mir alle die Dinge um.

Mir zur Feier

Ich wollte den Mantel umnehmen und zu meinem Freunde Ewald gehen. Aber ich hatte mich über einem Buche versäumt, einem *alten* Buche übrigens, und es war Abend geworden, wie es in Rußland Frühling wird. Noch vor einem Augenblick war die Stube bis in die fernsten Ekken klar, und nun taten alle Dinge, als ob sie nie etwas anderes gekannt hätten als Dämmerung; überall gingen große dunkle Blumen auf, und wie auf Libellenflügeln glitt Glanz um ihre samtenen Kelche.

Der Lahme war gewiß nicht mehr am Fenster. Ich blieb also zu Haus. Was hatte ich ihm doch erzählen wollen? Ich wußte es nicht mehr. Aber eine Weile später fühlte ich, daß jemand diese verlorene Geschichte von mir verlangte, irgend ein einsamer Mensch vielleicht, der fern am Fenster seiner finstern Stube stand, oder vielleicht dieses Dunkel selbst, das mich und ihn und die Dinge umgab. So geschah es, daß ich dem Dunkel erzählte. Und es neigte sich immer näher zu mir, so daß ich immer leiser sprechen konnte, ganz, wie es zu meiner Geschichte paßt. Sie handelt übrigens in der Gegenwart und beginnt:

»Nach langer Abwesenheit kehrte Doktor Georg Laßmann in seine enge Heimat zurück. Er hatte nie viel dort besessen, und jetzt lebten ihm nurmehr zwei Schwestern in der Vaterstadt, beide verheiratet, wie es schien, gut verheiratet; diese nach zwölf Jahren wiederzusehen, war der Grund seines Besuchs. So glaubte er selbst. Aber nachts, während er im überfüllten Zuge nicht schlafen konnte, wurde ihm klar, daß er eigentlich um seiner Kindheit willen kam und hoffte, in den alten Gassen irgend etwas wieder zu finden: ein Tor, einen Turm, einen Brunnen, irgend einen Anlaß zu einer Freude oder zu einer Traurigkeit, an welcher er sich wieder erkennen konnte. Man verliert sich ja so im Leben. Und da fiel ihm verschiedenes ein: Die kleine Woh-

nung in der Heinrichsgasse mit den glänzenden Türklin-
ken und den dunkelgestrichenen Dielen, die geschonten
Möbel und seine Eltern, diese beiden abgenützten Men-
schen, fast ehrfürchtig neben ihnen; die schnellen gehetz-
ten Wochentage und die Sonntage, die wie ausgeräumte
Säle waren, die seltenen Besuche, die man lachend und in
Verlegenheit empfing, das verstimmte Klavier, der alte Ka-
narienvogel, der ererbte Lehnstuhl, auf dem man nicht
sitzen durfte, ein Namenstag, ein Onkel, der aus Hamburg
kommt, ein Puppentheater, ein Leierkasten, eine Kinder-
gesellschaft und jemand ruft: ›Klara‹. Der Doktor wäre
fast eingeschlafen. Man steht in einer Station, Lichter lau-
fen vorüber, und der Hammer geht horchend durch die
klingenden Räder. Und das ist wie: Klara, Klara. Klara,
überlegt der Doktor, jetzt ganz wach, wer war das doch?
Und gleich darauf fühlt er ein Gesicht, ein Kindergesicht
mit blondem, glattem Haar. Nicht daß er es schildern
könnte, aber er hat die Empfindung von etwas Stillem,
Hilflosem, Ergebenem, von ein paar schmalen Kinder-
schultern, durch ein verwaschenes Kleidchen noch mehr
zusammengepreßt, und er dichtet dazu ein Gesicht – aber
da weiß er auch schon, er muß es nicht dichten. Es ist da –
oder vielmehr es *war* da – damals. So erinnert sich Doktor
Laßmann an seine einzige Gespielin Klara, nicht ohne
Mühe. Bis zur Zeit, da er in eine Erziehungsanstalt kam,
etwa zehn Jahre alt, hat er alles mit ihr geteilt, was ihm
begegnete, das Wenige (oder das Viele?). Klara hatte keine
Geschwister, und er hatte so gut wie keine; denn seine äl-
teren Schwestern kümmerten sich nicht um ihn. Aber
seither hat er niemanden je nach ihr gefragt. Wie war das
doch möglich? Er lehnte sich zurück. Sie war ein frommes
Kind, erinnerte er sich noch, und dann fragte er sich: Was
mag aus ihr geworden sein? Eine Zeitlang ängstigte ihn der
Gedanke, sie könnte gestorben sein. Eine unermeßliche
Bangigkeit überfiel ihn in dem engen gedrängten Coupé;
alles schien diese Annahme zu bestätigen: sie war ein

kränkliches Kind, sie hatte es zu Hause nicht besonders gut, sie weinte oft, unzweifelhaft: sie ist tot. Der Doktor ertrug es nicht länger; er störte einzelne Schlafende und schob sich zwischen ihnen durch in den Gang des Waggons. Dort öffnete er ein Fenster und schaute hinaus in das Schwarz mit den tanzenden Funken. Das beruhigte ihn. Und als er später in das Coupé zurückkehrte, schlief er trotz der unbequemen Lage bald ein.

Das Wiedersehen mit den beiden verheirateten Schwestern verlief nicht ohne Verlegenheiten. Die drei Menschen hatten vergessen, wie weit sie einander, trotz ihrer engen Verwandtschaft, doch immer geblieben waren, und versuchten eine Weile, sich wie Geschwister zu benehmen. Indessen kamen sie bald stillschweigend überein, zu dem höflichen Mittelton ihre Zuflucht zu nehmen, den der gesellschaftliche Verkehr für alle Fälle geschaffen hat.

Es war bei der jüngeren Schwester, deren Mann in besonders günstigen Verhältnissen war, Fabrikant mit dem Titel Kaiserlicher Rat, und es war nach dem vierten Gange des Diners, als der Doktor fragte: ›Sag mal, Sophie, was ist denn aus Klara geworden?‹ ›Welcher Klara?‹ ›Ich kann mich ihres Familiennamens nicht erinnern. Der Kleinen, weißt du, der Nachbarstochter, mit der ich als Kind gespielt habe?‹ ›Ach, Klara Söllner meinst du?‹ ›Söllner, richtig, Söllner. Jetzt fällt mir erst ein: Der alte Söllner, das war dieser gräßliche Alte – – aber was ist mit Klara?‹ Die Schwester zögerte: ›Sie hat geheiratet – Übrigens lebt sie jetzt ganz zurückgezogen.‹ ›Ja‹, machte der Herr Rat, und sein Messer glitt kreischend über den Teller, ›ganz zurückgezogen.‹ ›Du kennst sie auch?‹ wandte sich der Doktor an seinen Schwager. ›Ja-a-a – so flüchtig; sie ist ja hier ziemlich bekannt.‹ Die beiden Gatten wechselten einen Blick des Einverständnisses. Der Doktor merkte, daß es ihnen aus irgend einem Grunde unangenehm war, über diese Angelegenheit zu reden, und fragte nicht weiter.

Umsomehr Lust zu diesem Thema bewies der Herr Rat, als

die Hausfrau die Herren beim schwarzen Kaffee zurückgelassen hatte. ›Diese Klara‹, fragte er mit listigem Lächeln und betrachtete die Asche, die von seiner Zigarre in den silbernen Becher fiel. ›Sie soll doch ein stilles und überdies häßliches Kind gewesen sein?‹ Der Doktor schwieg. Der Herr Rat rückte vertraulich näher: ›Das war eine Geschichte! – Hast du nie davon gehört?‹ ›Aber ich habe ja mit niemandem gesprochen.‹ ›Was, gesprochen‹, lächelte der Rat fein, ›man hat es ja in den Zeitungen lesen können.‹ ›Was?‹ fragte der Doktor nervös.

›Also, sie ist ihm durchgegangen‹ – hinter einer Wolke Rauches her schickte der Fabrikant diesen überraschenden Satz und wartete in unendlichem Behagen die Wirkung desselben ab. Aber diese schien ihm nicht zu gefallen. Er nahm eine geschäftliche Miene an, setzte sich gerade und begann in anderem berichtenden Ton, gleichsam gekränkt. ›Hm. Man hatte sie verheiratet an den Baurat Lehr. Du wirst ihn nicht mehr gekannt haben. Kein alter Mann, in meinem Alter. Reich, durchaus anständig, weißt du, durchaus anständig. Sie hatte keinen Groschen und war obendrein nicht schön, ohne Erziehung usw. Aber der Baurat wünschte ja auch keine große Dame, eine bescheidene Hausfrau. Aber die Klara – sie wurde überall in der Gesellschaft aufgenommen, man brachte ihr allgemein Wohlwollen entgegen, – wirklich – man benahm sich – also sie hätte sich eine Position schaffen können mit Leichtigkeit, weißt du – aber die Klara, eines Tages – kaum zwei Jahre nach der Hochzeit: fort ist sie. Kannst du dir denken: fort. Wohin? Nach Italien. Eine kleine Vergnügungsreise, natürlich nicht allein. Wir haben sie schon im ganzen letzten Jahr nicht eingeladen gehabt, – als ob wir geahnt hätten! Der Baurat, mein guter Freund, ein Ehrenmann, ein Mann –‹

›Und Klara?‹ unterbrach ihn der Doktor und erhob sich. ›Ach so – ja, na die Strafe des Himmels hat sie erreicht. Also der Betreffende – man sagt ein Künstler, weißt du – ein leichter Vogel, natürlich nur so – Also wie sie aus Italien zurück waren, in München: adieu und ward nicht mehr gesehen. Jetzt sitzt sie mit ihrem Kind!‹

Doktor Laßmann ging erregt auf und nieder: ›In München?‹ ›Ja, in München‹, antwortete der Rat und erhob sich gleichfalls. ›Es soll ihr übrigens recht elend gehen –‹ ›Was heißt elend? –‹ ›Nun‹, der Rat betrachtete seine Zigarre, ›pekuniär und dann überhaupt – Gott – so eine Existenz – – –‹ Plötzlich legte er seine gepflegte Hand dem Schwager auf die Schulter, seine Stimme gluckste vor Vergnügen: ›weißt du, übrigens erzählte man sich, sie lebe von –‹ Der Doktor drehte sich kurz um und ging aus der Tür. Der Herr Rat, dem die Hand von der Schulter des Schwagers gefallen war, brauchte zehn Minuten, um sich von seinem Staunen zu erholen. Dann ging er zu seiner Frau hinein und sagte ärgerlich: ›Ich hab es immer gesagt, dein Bruder ist ein Sonderling.‹ Und diese, die eben eingenickt war, gähnte träge: ›Ach Gott ja.‹

Vierzehn Tage später reiste der Doktor ab. Er wußte mit einemmal, daß er seine Kindheit anderswo suchen müsse. In München fand er im Adreßbuch: Klara Söllner, Schwabing, Straße und Nummer. Er meldete sich an und fuhr hinaus. Eine schlanke Frau begrüßte ihn in einer Stube voll Licht und Güte.

›Georg, und Sie erinnern sich meiner?‹

Der Doktor staunte. Endlich sagte er: ›Also das sind *Sie*, Klara.‹ Sie hielt ihr stilles Gesicht mit der reinen Stirn ganz ruhig, als wollte sie ihm Zeit geben, sie zu erkennen. Das dauerte lange. Schließlich schien der Doktor etwas gefunden zu haben, was ihm bewies, daß seine alte Spielgefährtin wirklich vor ihm stünde. Er suchte noch einmal ihre Hand und drückte sie; dann ließ er sie langsam los und schaute in der Stube umher. Diese schien nichts Überflüssiges zu enthalten. Am Fenster ein Schreibtisch mit Schriften und Büchern, an welchem Klara eben mußte gesessen haben. Der Stuhl war noch zurückgeschoben. ›Sie haben geschrieben?‹ ... und der Doktor fühlte, wie dumm diese Frage war. Aber Klara antwortete unbefangen: ›Ja, ich übersetze.‹ ›Für den Druck?‹ ›Ja‹, sagte Klara einfach, ›für einen Verlag.‹ Georg bemerkte an den Wänden einige italienische Photographien. Darunter das ›Konzert‹ des Giorgione. ›Sie lieben das?‹ Er trat nahe an das Bild heran. ›Und Sie?‹ ›Ich habe das Original nie gesehen; es ist in Florenz, nicht wahr?‹ ›Im Pitti. Sie müssen hinreisen.‹ ›Zu diesem Zweck?‹ ›Zu diesem Zweck.‹ Eine freie und einfache Heiterkeit war über ihr. Der Doktor sah nachdenklich aus.

›Was haben Sie, Georg. Wollen Sie sich nicht setzen?‹ ›Ich bin traurig‹, zögerte er. ›Ich habe gedacht – aber Sie sind ja gar nicht elend –‹, fuhr es plötzlich heraus. Klara lächelte: ›Sie haben meine Geschichte gehört?‹ ›Ja, das heißt –‹ ›Oh‹, unterbrach ihn Klara schnell, als sie merkte, daß seine Stirn sich verdunkelte, ›es ist nicht die Schuld der Menschen, daß sie *anders* davon reden. Die Dinge, die wir erleben, lassen sich oft nicht ausdrücken, und wer sie dennoch erzählt, muß notwendig Fehler begehen –‹ Pause. Und der Doktor: ›Was hat Sie so gütig gemacht?‹ ›Alles‹, sagte sie leise und warm. ›Aber warum sagen Sie: gütig?‹ ›Weil – weil Sie eigentlich hätten hart werden müssen. Sie waren ein so schwaches, hilfloses Kind; solche Kinder werden später entweder hart oder –‹ ›Oder sie sterben – wollen Sie sagen. Nun, ich bin auch gestorben. Oh, ich bin viele Jahre gestorben. Seit ich Sie zum letztenmal gesehen habe, zu Haus, bis –‹ Sie langte etwas vom Tische her: ›Sehen Sie, das ist sein Bild. Es ist etwas geschmeichelt. Sein Gesicht ist nicht so klar, aber – lieber, einfacher. Ich werde Ihnen dann gleich unser Kind zeigen, es schläft jetzt nebenan. Es ist ein Bub. Heißt Angelo, wie er. Er ist jetzt fort, auf Reisen, weit.‹

›Und Sie sind ganz allein?‹ fragte der Doktor zerstreut, immer noch über dem Bilde.

›Ja, ich und das Kind. Ist das nicht genug? Ich will Ihnen

erzählen, wie das kommt. Angelo ist Maler. Sein Name ist wenig bekannt, Sie werden ihn nie gehört haben. Bis in die letzte Zeit hat er gerungen mit der Welt, mit seinen Plänen, mit sich und mit mir. Ja, auch mit mir; denn ich bat ihn seit einem Jahr: du mußt reisen. Ich fühlte, wie sehr ihm das not tat. Einmal sagte er scherzend: ›Mich oder ein Kind?‹ ›Ein Kind‹, sagte ich, und dann reiste er.

›Und wann wird er zurückkehren?‹

›Bis das Kind seinen Namen sagen kann, so ist es abgemacht.‹ Der Doktor wollte etwas bemerken. Aber Klara lachte: ›Und da es ein schwerer Name ist, wird es noch eine Weile dauern. Angelino wird im Sommer erst zwei Jahre.‹

›Seltsam‹, sagte der Doktor. ›Was, Georg?‹ ›Wie gut Sie das Leben verstehen. Wie groß Sie geworden sind, wie jung. Wo haben Sie Ihre Kindheit hingetan? – wir waren doch beide so – so hilflose Kinder. Das läßt sich doch nicht ändern oder ungeschehen machen.‹ ›Sie meinen also, wir hätten an unserer Kindheit *leiden* müssen, von rechtswegen?‹ ›Ja, gerade das meine ich. An diesem schweren Dunkel hinter uns, zu dem wir so schwache, so ungewisse Beziehungen behalten. Da ist eine Zeit: wir haben unsere Erstlinge hineingelegt, allen Anfang, alles Vertrauen, die Keime zu alledem, was vielleicht einmal werden sollte. Und plötzlich wissen wir: Alles das ist versunken in einem Meer, und wir wissen nicht einmal genau wann. Wir haben es gar nicht bemerkt. Als ob jemand sein ganzes Geld zusammensuchte, sich dafür eine Feder kaufte und sie auf den Hut steckte, hui: der nächste Wind wird sie mitnehmen. Natürlich kommt er zu Hause ohne Feder an, und ihm bleibt nichts übrig, als nachzudenken, wann sie wohl könnte davongeflogen sein.‹

›Sie denken daran, Georg?‹

›Schon nicht mehr. Ich habe es aufgegeben. Ich beginne irgendwo hinter meinem zehnten Jahr, dort, wo ich aufgehört habe zu beten. Das andere gehört nicht mir.‹

›Und wie kommt es dann, daß Sie sich an *mich* erinnert haben?‹

›Darum komme ich ja zu Ihnen. Sie sind der einzige Zeuge jener Zeit. Ich glaubte, ich könnte in Ihnen wiederfinden, – was ich in mir *nicht* finden kann. Irgend eine Bewegung, ein Wort, einen Namen, an dem etwas hängt – eine Aufklärung –‹ Der Doktor senkte den Kopf in seine kalten, unruhigen Hände.

Frau Klara dachte nach: ›Ich erinnere mich an so weniges aus meiner Kindheit, als wären tausend Leben dazwischen. Aber jetzt, wie Sie mich so daran mahnen, fällt mir etwas ein. Ein Abend. Sie kamen zu uns, unerwartet; Ihre Eltern waren ausgegangen, ins Theater oder so. Bei uns war alles hell. Mein Vater erwartete einen Gast, einen Verwandten, einen entfernten reichen Verwandten, wenn ich mich recht entsinne. Er sollte kommen aus, aus – ich weiß nicht woher, jedenfalls von weit. Bei uns wartete man schon seit zwei Stunden auf ihn. Die Türen waren offen, die Lampen brannten, die Mutter ging von Zeit zu Zeit und glättete eine Schutzdecke auf dem Sofa, der Vater stand am Fenster. Niemand wagte sich zu setzen, um keinen Stuhl zu verrücken. Da Sie gerade kamen, warteten Sie mit uns. Wir Kinder horchten an der Tür. Und je später es wurde, einen desto wunderbarern Gast erwarteten wir. Ja wir zitterten sogar, er könnte kommen, ehe er jenen letzten Grad von Herrlichkeit erreicht haben würde, dem er mit jeder Minute seines Ausbleibens näher kam. Wir fürchteten nicht, er könnte überhaupt nicht erscheinen; wir wußten bestimmt: er kommt, aber wir wollten ihm Zeit lassen, groß und mächtig zu werden.‹

Plötzlich hob der Doktor den Kopf und sagte traurig: ›Das also wissen wir beide, daß er *nicht* kam – Ich habe es auch nicht vergessen gehabt.‹ ›Nein‹, – bestätigte Klara, ›er kam nicht –‹ Und nach einer Pause: ›Aber es war doch schön!‹ ›Was?‹ ›Nun so – das Warten, die vielen Lampen, – die Stille – das Feiertägliche.‹

Etwas rührte sich im Nebenzimmer. Frau Klara entschuldigte sich für einen Augenblick; und als sie hell und heiter zurückkam, sagte sie: ›Wir können dann hineingehen. Er ist jetzt wach und lächelt. – Aber was wollten Sie eben sagen?‹

›Ich habe mir eben überlegt, was Ihnen könnte geholfen haben zu – zu sich selbst, zu diesem ruhigen Sichbesitzen. Das Leben hat es Ihnen doch nicht leicht gemacht. Offenbar half Ihnen etwas, was mir fehlt?‹ ›Was sollte das sein, Georg?‹ Klara setzte sich neben ihn.

›Es ist seltsam; als ich mich zum erstenmal wieder Ihrer erinnerte, vor drei Wochen nachts, auf der Reise, da fiel mir ein: sie war ein frommes Kind. Und jetzt, seit ich Sie gesehen habe, trotzdem Sie so ganz anders sind, als ich erwartete – trotzdem, ich möchte fast sagen, nur noch desto sicherer, empfinde ich: Was Sie geführt hat, mitten durch alle Gefahren, war Ihre – Ihre Frömmigkeit.‹

›Was nennen Sie Frömmigkeit?‹

›Nun, Ihr Verhältnis zu Gott, Ihre Liebe zu ihm, Ihr Glauben.‹ –

Frau Klara schloß die Augen: ›Liebe zu Gott? Lassen Sie mich nachdenken.‹ Der Doktor betrachtete sie gespannt. Sie schien ihre Gedanken langsam auszusprechen, so wie sie ihr kamen: ›Als Kind – Hab ich da Gott geliebt? Ich glaube nicht. Ja, ich habe nicht einmal – es hätte mir wie eine wahnsinnige Überhebung – das ist nicht das richtige Wort – wie die größte Sünde geschienen, zu denken: Er ist. Als ob ich ihn damit gezwungen hätte *in mir*, in diesem schwachen Kind mit den lächerlich langen Armen, zu sein, in unserer armen Wohnung, in der alles unecht und lügnerisch war, von den Bronzewandtellern aus Papiermaché bis zum Wein in den Flaschen, die so teure Etiketten trugen. Und später –‹ Frau Klara machte eine abwehrende Bewegung mit den Händen, und ihre Augen schlossen sich fester, als fürchtete sie, durch die Lider etwas Furchtbares zu sehen – ›ich hätte ihn ja hinausdrängen müssen aus mir, wenn er in mir gewohnt hätte damals. Aber ich wußte nichts von ihm. Ich hatte ihn ganz vergessen. Ich hatte *alles* vergessen. – Erst in Florenz: Als ich zum erstenmal in meinem Leben sah, hörte, fühlte, erkannte und zugleich danken lernte für alles das, da dachte ich wieder an ihn. Überall waren Spuren von ihm. In allen Bildern fand ich Reste von seinem Lächeln, die Glocken lebten noch von seiner Stimme, und an den Statuen erkannte ich Abdrücke seiner Hände.‹

›Und da fanden Sie ihn?‹

Klara schaute den Doktor mit großen, glücklichen Augen an: ›Ich fühlte, daß er *war*, irgendwann einmal *war* ...: warum hätte ich *mehr* empfinden sollen? Das war ja schon Überfluß.‹

Der Doktor stand auf und ging ans Fenster. Man sah ein Stück Feld und die kleine, alte Schwabinger Kirche, darüber Himmel, nicht mehr ganz ohne Abend. Plötzlich fragte Doktor Laßmann, ohne sich umzuwenden: ›Und jetzt?‹ Als keine Antwort kam, kehrte er leise zurück.

›Jetzt – ‹, zögerte Klara, als er gerade vor ihr stand, und hob die Augen voll zu ihm auf: ›jetzt denke ich manchmal: Er wird sein.‹

Der Doktor nahm ihre Hand und behielt sie einen Augenblick. Er schaute so ins Unbestimmte.

›Woran denken Sie, Georg?‹

›Ich denke, daß das wieder wie an jenem Abend ist: *Sie* warten wieder auf den Wunderbaren, auf Gott, und wissen, daß er kommen wird – Und ich komme zufällig dazu –.‹

Frau Klara erhob sich leicht und heiter. Sie sah sehr jung aus. ›Nun, diesmal wollen wirs aber auch abwarten.‹ Sie sagte das so froh und einfach, daß der Doktor lächeln mußte. So führte sie ihn in das andere Zimmer, zu ihrem Kind. – «

In dieser Geschichte ist nichts, was Kinder nicht wissen dürfen. Indessen, die Kinder haben sie *nicht* erfahren. Ich habe sie nur dem Dunkel erzählt, sonst niemandem. Und die Kinder haben Angst vor dem Dunkel, laufen ihm davon, und müssen sie einmal drinnen bleiben, so pressen sie die Augen zusammen und halten sich die Ohren zu. Aber auch für sie wird einmal die Zeit kommen, da sie das Dunkel lieb haben. Sie werden von ihm meine Geschichte empfangen und dann werden sie sie auch besser verstehen.

Geschichten vom lieben Gott

Menschen bei Nacht

Die Nächte sind nicht für die Menge gemacht.
Von deinem Nachbar trennt dich die Nacht,
und du sollst ihn nicht suchen trotzdem.
Und machst du nachts deine Stube licht,
um Menschen zu schauen ins Angesicht,
so mußt du bedenken: wem.

Die Menschen sind furchtbar vom Licht entstellt,
das von ihren Gesichtern träuft,
und haben sie nachts sich zusammengesellt,
so schaust du eine wankende Welt
durcheinandergehäuft.
Auf ihren Stirnen hat gelber Schein
alle Gedanken verdrängt,
in ihren Blicken flackert der Wein,
an ihren Händen hängt
die schwere Gebärde, mit der sie sich
bei ihren Gesprächen verstehn;
und dabei sagen sie: *Ich* und *Ich*
und meinen: Irgendwen.

Das Buch der Bilder

Ich lebe mein Leben in wachsenden Ringen,
die sich über die Dinge ziehn.
Ich werde den letzten vielleicht nicht vollbringen,
aber versuchen will ich ihn.

Ich kreise um Gott, um den uralten Turm,
und ich kreise jahrtausendelang;
und ich weiß noch nicht: bin ich ein Falke, ein Sturm
oder ein großer Gesang.

Das Stunden-Buch

Traurigkeiten, an denen man sterben kann

Gefährlich und schlecht sind nur jene Traurigkeiten, die man unter die Leute trägt, um sie zu übertönen; wie Krankheiten, die oberflächlich und töricht behandelt werden, treten sie nur zurück und brechen nach einer kleinen Pause um so furchtbarer aus; und sammeln sich an im Innern und sind Leben, sind ungelebtes, verschmähtes, verlorenes Leben, an dem man sterben kann.

Briefe an einen jungen Dichter
An Franz Xaver Kappus, 12. August 1904

Vorgefühl

Ich bin wie eine Fahne von Fernen umgeben.
Ich ahne die Winde, die kommen, und muß sie leben,
während die Dinge unten sich noch nicht rühren:
die Türen schließen noch sanft, und in den Kaminen
                                                ist Stille;
die Fenster zittern noch nicht, und der Staub ist noch
                                                schwer.
Da weiß ich die Stürme schon und bin erregt wie
                                        das Meer.
Und breite mich aus und falle in mich hinein
und werfe mich ab und bin ganz allein
in dem großen Sturm.

Das Buch der Bilder

An Friedrich Westhoff

29. April 1904

Mutter wird Dir nicht helfen können, denn im Grunde kann keiner im Leben dem anderen helfen; das erfährt man immer wieder in jedem Konflikt und jeder Verwirrung: daß man allein ist.

Das ist nicht so schlimm, wie es auf den ersten Blick scheinen mag; es ist auch wieder das Beste im Leben, daß jeder alles in sich selbst hat: sein Schicksal, seine Zukunft, seine ganze Weite und Welt. Nun gibt es freilich Momente, wo es schwer ist, in sich zu sein und innerhalb des eigenen Ichs auszuhalten; es geschieht, daß man gerade in den Augenblicken, da man fester und – fast müßte man sagen – eigensinniger denn je an sich festhalten sollte, sich an etwas Äußeres anschließt, während wichtiger Ereignisse den eigenen Mittelpunkt aus sich heraus in Fremdes, in einen anderen Menschen verlegt. Das ist gegen die allereinfachsten Gesetze des Gleichgewichts, und es kann nur Schweres dabei herauskommen.

Clara und ich ‹...› haben uns gerade darin gefunden und verstanden, daß alle Gemeinsamkeit nur im Erstarken zweier benachbarter Einsamkeiten bestehen kann, daß aber alles, was man Hingabe zu nennen pflegt, seinem Wesen nach der Gemeinsamkeit schädlich ist: denn wenn ein Mensch sich verläßt, so ist er nichts mehr, und wenn zwei Menschen beide sich selbst aufgeben, um zueinander zu treten, so ist kein Boden mehr unter ihnen und ihr Beisammensein ist ein fortwährendes Fallen. – Wir haben ‹...› nicht ohne große Schmerzen, solches erfahren, haben erfahren, was jeder, der ein eigenes Leben will, so oder so zu wissen bekommt.

Ich werde einmal, wenn ich reifer und älter bin, vielleicht dazu kommen, ein Buch zu schreiben, ein Buch für junge Menschen; nicht etwa, weil ich glaube, etwas besser gekonnt zu haben als andere. Im Gegenteil, weil mir alles so viel schwerer geworden ist als anderen jungen Menschen von Kindheit an und während meiner ganzen Jugend.

Da habe ich immer und immer wieder erfahren, daß es kaum etwas Schwereres gibt, als sich lieb haben. Daß das Arbeit ist, Tagelohn ‹...›; weiß Gott, es gibt kein anderes Wort dafür. ‹...› und nun kommt noch dazu, daß die jungen Menschen auf so schweres Lieben nicht vorbereitet werden; denn die Konvention hat diese komplizierteste und äußerste Beziehung zu etwas Leichtem und Leichtsinnigem zu machen versucht, ihr den Schein gegeben, als könnten sie alle. Dem ist nicht so. Liebe ist etwas Schweres, und sie ist schwerer denn anderes, weil bei anderen Konflikten die Natur selbst den Menschen anhält, sich zu sammeln, sich ganz fest mit aller Kraft zusammenzufassen, während in der Steigerung der Liebe der Anreiz liegt, sich ganz fortzugeben. Aber ‹...› kann das etwas Schönes sein, sich fortzugeben nicht als Ganzes und Geordnetes, sondern so dem Zufall nach, Stück für Stück, wie es sich trifft? Kann solche Fortgabe, die einem Fortwerfen und Zerreißen so ähnlich sieht, etwas Gutes, kann sie Glück, Freude, Fortschritt sein? Nein, sie kann es nicht ... Wenn Du jemandem Blumen schenkst, so ordnest Du sie vorher, nicht wahr? Aber junge Menschen, die sich lieb haben, werfen sich einander hin in der Ungeduld und Hast ihrer Leidenschaft, und sie merken gar nicht, welcher Mangel an gegenseitiger Schätzung in dieser unaufgeräumten Hingabe liegt, merken es erst mit Staunen und Unwillen an dem Zerwürfnis, das aus aller dieser Unordnung zwischen ihnen entsteht. Und ist erst Uneinheit unter ihnen, dann wächst die Wirrnis mit jedem Tage; keiner von den beiden hat mehr etwas Unzerschlagenes, Reines und Unverdorbenes um sich, und mitten in der Trostlosigkeit eines Abbruchs suchen sie den Schein ihres Glückes (denn um des Glückes willen sollte all das doch sein) festzuhalten. Ach, sie vermögen sich kaum mehr zu entsinnen, was sie mit

Glück meinten. In seiner Unsicherheit wird jeder immer ungerechter gegen den anderen; die einander wohltun wollten, berühren einer den anderen nun auf herrische und unduldsame Art, und im Bestreben, aus dem unhaltbaren und unerträglichen Zustand ihrer Wirrnis irgendwie herauszukommen, begehen sie den größten Fehler, der an menschlichen Beziehungen geschehen kann: sie werden ungeduldig. Sie drängen sich zu einem Abschluß, zu einer, wie sie glauben, endgültigen Entscheidung zu kommen, sie versuchen ihr Verhältnis, dessen überraschende Veränderungen sie erschreckt haben, ein für allemal festzustellen, damit es von nun ab »*ewig*« (wie sie sagen) dasselbe bleibe. Das ist nur der letzte Irrtum in dieser langen Kette von aneinander festhaltenden Irrungen. Totes nicht einmal läßt sich endgültig festhalten (denn es zerfällt und verändert sich in seiner Art), wieviel weniger läßt sich Lebendes und Lebendiges ein für alle Mal abschließend behandeln. Leben ist ja gerade Sichverwandeln, und menschliche Beziehungen, die ein Lebensextrakt sind, sind das Veränderlichste von allem, steigen und fallen von Minute zu Minute, und Liebende sind diejenigen, in deren Beziehung und Berührung kein Augenblick dem anderen gleicht. Menschen, zwischen denen nie etwas Gewohntes, etwas schon einmal Dagewesenes vor sich geht, sondern lauter Neues, Unerwartetes, Unerhörtes. Es gibt solche Verhältnisse, die ein sehr großes, fast unerträgliches Glück sein müssen, aber sie können nur zwischen sehr reichen Menschen eintreten und zwischen solchen, die jeder für sich, reich, geordnet und versammelt sind, nur zwei weite, tiefe, eigene Welten können sie verbinden. – Junge Menschen – das liegt auf der Hand – können ein solches Verhältnis nicht gewinnen, aber sie können, wenn sie ihr Leben recht begreifen, langsam zu solchem Glück anwachsen und sich vorbereiten dafür. Sie müssen, wenn sie lieben, nicht vergessen, daß sie Anfänger sind, Stümper des Lebens, Lehrlinge in der Liebe, – müssen Liebe *lernen*, und dazu gehört (wie zu *jedem* Lernen) Ruhe, Geduld und Sammlung!

Liebe ernst nehmen und leiden und wie eine Arbeit lernen, das ist es, ‹...› was jungen Menschen not tut. – Die Leute haben, wie so vieles andere, auch die Stellung der Liebe im Leben mißverstanden, sie haben sie zu Spiel und Vergnügen gemacht, weil sie meinten, daß Spiel und Vergnügen seliger denn Arbeit sei; es gibt aber nichts Glücklicheres als die Arbeit, und Liebe, gerade weil sie das äußerste Glück ist, kann nichts anderes als Arbeit sein. – Wer also liebt, der muß versuchen, sich zu benehmen, als ob er eine große Arbeit hätte: er muß viel allein sein und in sich gehen und sich zusammenfassen und sich festhalten; er muß arbeiten; er muß etwas werden!

Denn ‹...› je mehr man ist, je reicher ist alles, was man erlebt. Und wer in seinem Leben eine tiefe Liebe haben will, der muß sparen und sammeln dafür und Honig zusammen tragen.

Man muß nie verzweifeln, wenn einem etwas verloren geht, ein Mensch oder eine Freude oder ein Glück; es kommt alles noch herrlicher wieder. Was abfallen *muß*, fällt ab; was zu uns gehört, bleibt bei uns, denn es geht alles nach Gesetzen vor sich, die größer als unsere Einsicht sind und mit denen wir nur scheinbar im Widerspruch stehen. Man muß in sich selber leben und an das *ganze* Leben denken, an alle seine Millionen Möglichkeiten, Weiten und Zukünfte, denen gegenüber es nichts Vergangenes und Verlorenes gibt. –

Der Gefangene

I

Meine Hand hat nur noch eine
Gebärde, mir der sie verscheucht;
auf die alten Steine
fällt es aus Felsen feucht.

Ich höre nur dieses Klopfen
und mein Herz hält Schritt
mit dem Gehen der Tropfen
und vergeht damit.
Tropften sie doch schneller,
käme doch wieder ein Tier.
Irgendwo war es heller –.
Aber was wissen wir.

II

Denk dir, das was jetzt Himmel ist und Wind,
Luft deinem Mund und deinem Auge Helle,
das würde Stein bis um die kleine Stelle
an der dein Herz und deine Hände sind.

Und was jetzt in dir morgen heißt und: dann
und: späterhin und nächstes Jahr und weiter –
das würde wund in dir und voller Eiter
und schwäre nur und bräche nicht mehr an.

Und das was war, das wäre irre und
raste in dir herum, den lieben Mund
der niemals lachte, schäumend von Gelächter.

Und das was Gott war, wäre nur dein Wächter
und stopfte boshaft in das letzte Loch
ein schmutziges Auge. Und du lebtest doch.

Neue Gedichte

Der Auszug des verlorenen Sohnes

Nun fortzugehn von alledem Verworrnen,
das unser ist und uns doch nicht gehört,
das, wie das Wasser in den alten Bornen,
uns zitternd spiegelt und das Bild zerstört;
von allem diesen, das sich wie mit Dornen
noch einmal an uns anhängt – fortzugehn
und Das und Den,
die man schon nicht mehr sah
(so täglich waren sie und so gewöhnlich),
auf einmal anzuschauen: sanft, versöhnlich
und wie an einem Anfang und von nah;
und ahnend einzusehn, wie unpersönlich,
wie über alle hin das Leid geschah,
von dem die Kindheit voll war bis zum Rand –:
Und dann doch fortzugehen, Hand aus Hand,
als ob man ein Geheiltes neu zerrisse,
und fortzugehn: wohin? Ins Ungewisse,
weit in ein unverwandtes warmes Land,
das hinter allem Handeln wie Kulisse
gleichgültig sein wird: Garten oder Wand;
und fortzugehn: warum? Aus Drang, aus Artung,
aus Ungeduld, aus dunkler Erwartung,
aus Unverständlichkeit und Unverstand:

Dies alles auf sich nehmen und vergebens
vielleicht Gehaltnes fallen lassen, um
allein zu sterben, wissend nicht warum –

Ist das der Eingang eines neuen Lebens?

Neue Gedichte

Du, der ichs nicht sage, daß ich bei Nacht
weinend liege,
deren Wesen mich müde macht
wie eine Wiege.
Du, die mir nicht sagt, wenn sie wacht
meinetwillen:
wie, wenn wir diese Pracht
ohne zu stillen
in uns ertrügen?
– – – – – –
Sieh dir die Liebenden an,
wenn erst das Bekennen begann,
wie bald sie lügen.
– – – – – –
Du machst mich allein. Dich einzig kann ich vertauschen.
Eine Weile bist dus, dann wieder ist es das Rauschen,
oder es ist ein Duft ohne Rest.
Ach, in den Armen hab ich sie alle verloren,
du nur, du wirst immer wieder geboren:
weil ich niemals dich anhielt, halt ich dich fest.

Die Aufzeichnungen des Malte Laurids Brigge

An ein junges Mädchen

Es gibt so viel Leute, die von mir – ich weiß nicht genügend was – erwarten: Hilfe, Ratschläge, von mir, der ich mich so ratlos vor den gebietendsten Dringlichkeiten des Lebens finde. Und obwohl ich weiß, daß sie sich täuschen, sich irren, fühle ich mich dennoch – und ich glaube nicht, daß es Eitelkeit ist – versucht, ihnen etwas aus meinen Erfahrungen mitzuteilen, einige Früchte meiner langen Einsamkeiten. Es sind sowohl junge Frauen als junge Mädchen fürchterlich verlassen selbst im Herzen ihrer Familie. Jung verheiratete Frauen, entsetzt über das, was ihnen geschah. Und dann all diese jungen Arbeitsleute, meist revolutionär, die ohne jede Orientierung aus den Staatsgefängnissen kommen, sich in die Literatur flüchten und trunkene boshafte Poesien dichten. Was soll ich ihnen sagen? Wie ihr verzweifeltes Herz aufrichten, wie ihren formlosen Willen gestalten, der unter der Gewalt der Ereignisse einen entliehenen, ganz provisorischen Charakter angenommen [hat] und den sie jetzt in sich tragen wie eine fremde Kraft, deren Verwendung sie kaum kennen.
Die Erfahrungen Maltes verpflichten mich mitunter, auf diese Schreiben Unbekannter zu antworten. *Er* würde es getan haben, *er*, wenn je eine Stimme ihn erreicht hätte ...

An Anita Forrer

19. Januar 1920

Anita Forrer, darf ich nun auch die Zutaten und Umständlichkeiten der Anrede vernachlässigen, und so schreiben und manchmal nur: Anita, wie es ja der »Lehrer« dürfte, als den Sie mich ansprechen, besonders, wenn er selber eine Tochter hat, die von Ihrem Alter nur um ein halbes Jahr unterschieden ist?

2. Februar 1920

Hören Sie, Anita, werfen Sie diese Bedrückung ab, von einem Tag zum anderen, *gleich*, nichts ist leichter als das, denn es liegt nicht das mindeste Gewichtchen von Schuld oder Häßlichkeit, in dem, was Sie da mit sich herumtragen: wohl liegt das Schwere darin, von etwas, womit noch keiner fertig geworden ist, glauben Sie nicht, daß auch für den Besten und Sichersten, wenn er sich nicht etwa durch moralische Bedenken (die aber gewiß im Innerlichsten des Lebens keine Anwendung haben) sichert, glauben Sie nicht, daß für irgendjemanden auf der Welt derartige Überwältigungen vermeidlich sind (besonders in den Jahren des Übergangs). Für die aber gilt, was für alle Verwandlungen von Mensch zu Mensch maß-gebend bleibt, daß man *nie* eine Beziehung in ihren Einzelheiten von *außen* ansehen und abschätzen darf: was sich zwei Menschen in ihrer Innigkeit zu einander geben und gewähren mochten, bleibt für alle Zeit ein Geheimnis ihrer jedesmal unbeschreiblichen Vertraulichkeit. Meinten sie in einem gewissen Moment, sich so oder so noch zärtlicher beglücken zu dürfen, so mag das ein kleiner Irrtum gewesen sein, indem sie damit nicht ihrem Glücke dienten, sondern ihrer Sehnsucht und sich Beunruhigungen ins Blut warfen, die ihnen nachträglich bedrängend werden konnten, – vielleicht, aber wer entscheidet das? Vielleicht hatten sie auch recht mit dieser Hingabe, die so unbeschreiblich unschuldig ist, wie alles, was in der Liebe aus dem bloßen Müssen und Nicht-anders-wissen hervorgeht, – niemand darf wagen, das, was da geschehen ist, von außen abzuurteilen; eine solche Entzückung und Freude, wie weit sie auch geht, kann einen Augenblick ganz und gar *seelischer* Verwandlung heraufrufen, und da man meinte, in der sogenannten Sinnlichkeit eine neue Erfahrung zu tun, war man vielleicht schon ganz im Vorsprung der dadurch irgendwohin entzückten Seele. Das Alles, Anita, hängt ja so viel geheimnisvoller zusammen, man muß diesen Kräften gegenüber nur Demut haben, den Widerstand leistet die Unschuld selbst, die in uns unzerstörbar ist, wenn wir uns nicht zur Schuld überreden lassen. Die Unklarheiten und Unsicherheiten auf diesem Gebiet haben in unserer Zeit so fürchterlich überhand genommen, in der Tat hat ein junger Mensch fast niemals den Beratenden und Beschützenden zur Seite, der ihm not täte, auch in seiner Mutter nicht, (die ratlos ist, wie alle Welt), darum heißts gerade, von der eigenen Unschuld aus sich orientieren, unbeirrt und arglos. Verständige Menschen arbeiten schon lange daran, den Liebesbeziehungen innerhalb des eigenen Geschlechts die häßlichen Verdächtigungen zu nehmen, mit denen die Convention sie überladen hat, – aber mir scheint auch diese Arbeit und Anschauungsweise nicht die richtige zu sein. Sie isoliert einen Vorgang, der jedesmal nur innerhalb aller seiner Umkreise dürfte in Betracht genommen werden, sie macht ein unaussprechlich Besonderes nur deshalb, weil es über jeden hereinbrechen kann, zum Allgemeinen, ja recht eigentlich Gemeinen, sie behält davon schließlich nur noch die physische Erscheinung übrig und vergißt, in wie unerreichbare und überschwängliche Zusammenhänge dieses Eine (nur scheinbar zu Bezeichnende) eingesetzt ist. Wir wissen nicht, *welches* die Mitte einer Liebes-Beziehung ist, welches ihr Äußerstes, Unübertrefflichstes und Seligstes sei: manchmal vielleicht wird diese Mitte mit der letzten und süßesten Innigkeit der

Körper gegeben sein (auch zwischen Frauen), darüber dürfte *niemand* Richter sein, als die verschwiegene Verantwortlichkeit eben dieser Liebenden und Genießenden selbst. Nicht dieses Sich-einander-schenken wäre ein Abweg für sie, höchstens die Unsicherheit wäre es, ob sie damit wirklich sich zu jener anhaltenden Steigerung verhelfen, zu der sich gegenseitig anzutreiben, die eigentliche Lust und Sehnsucht der Liebe ist. Nur wenn es damit etwas zwischen ihnen gäbe, was sie gegenseitig schwerer, trüber, undurchsichtiger macht, hätten sie Unrecht sich in jene Hingegebenheiten zu wagen, *dann* allerdings bestünde die Gefahr, daß sie in ihnen irgendwie stecken bleiben. Denn es darf *keine* Zärtlichkeit der Liebe Macht haben über die Liebe selbst, keine darf mit der Gewalt der blinden Wiederholung sich aufdrängen, immer muß wieder eine ganz neue aus der Unerschöpflichkeit des Gefühls geboren werden.

»Schuld« (man muß diesen Ausdruck sparsam gebrauchen) hat höchstens der »aufklärende« Arzt, denn Aufklärung heißt nichts anderes, als die Unschuld messen mit dem Maße der Schuld! Genau genommen richtet sie sich aber nur an den Verstand und auf dem Umweg über ihn an das Gewissen: *in das eigentliche Bereich der Unschuld dringt keine »Aufklärung« ein, dort ist eine heilige dunkle Nacht, – seien Sie weiter in ihr*, Anita, arme Anita, in der Unschuld. Und dies sei Ihnen Vorsatz: *nie* eine Einzelheit und Erscheinung der Liebe außerhalb des Gefühls zu bedenken, mit dem sie heraufgekommen war –, das ist der stärkste Schutz zugleich vor jeder Überwältigung, – das erzieht immer die *ganze* Liebe zu meinen und zu leisten, in der giebt es kein Unterscheidbares: Seele ist Körper in ihr und Körper Seele und die Seligkeit in ihr hat unzählige Stellen und Mittel und es überwiegt keines das andere.

Du mußt dein Leben ändern

Mein scheuer Mondschatten spräche gern
mit meinem Sonnenschatten von fern
in der Sprache der Toren;
mitten drin ich, ein beschienener Sphinx,
Stille stiftend, nach rechts und links
hab ich die beiden geboren.

Wolle die Wandlung. O sei für die Flamme begeistert,
drin sich ein Ding dir entzieht, das mit Verwandlungen
                              prunkt;
jener entwerfende Geist, welcher das Irdische meistert,
liebt in dem Schwung der Figur nichts wie den
                              wendenden Punkt.

Was sich ins Bleiben verschließt, schon *ists* das Erstarrte;
wähnt es sich sicher im Schutz des unscheinbaren Grau's?
Warte, ein Härtestes warnt aus der Ferne das Harte.
Wehe –: abwesender Hammer holt aus!

Wer sich als Quelle ergießt, den erkennt die Erkennung;
und sie führt ihn entzückt durch das heiter Geschaffne,
das mit Anfang oft schließt und mit Ende beginnt.

Jeder glückliche Raum ist Kind oder Enkel von Trennung,
den sie staunend durchgehn. Und die verwandelte
                              Daphne
will, seit sie lorbeern fühlt, daß du dich wandelst in Wind.

Die Sonette an Orpheus
Zweiter Teil, XII

An Clara Rilke

... säßest Du doch bei mir diesen kalten, ungern und für niemanden vergehenden Regentag, der nun endlich (wie ich bei Jouven gesehen habe) auch andere Leute mit Befremden und Verwirrung erfüllt. Säßest mit mir vor der Van-Gogh-Mappe (die ich schweren Herzens zurückbringe). Sie hat mir in diesen Tagen so wohlgetan: es war der richtige Augenblick. Wieviel würdest Du in ihr sehen, was ich noch nicht sehen kann. Du hättest wahrscheinlich gar nicht die kleine biographische Notiz von höchstens zehn Zeilen gelesen, die dem Inhaltsverzeichnis voransteht, Dich auf Dein Schauen einfach verlassend. Sie ist indessen ganz, ganz sachlich und doch so seltsam vielsagend zu lesen. Kunsthändler, und da er nach drei Jahren irgendwie einsieht, daß es nicht dies war, kleiner Schullehrer in England. Und mitten drin der Entschluß: Geistlicher zu werden. Er kommt nach Brüssel, um Griechisch und Lateinisch zu lernen. Aber wozu der Umweg? Gibt es nicht irgendwo Menschen, die weder Griechisch noch Lateinisch von ihrem Prediger verlangen?: So wird er, was man Evangelist heißt, und geht ins Kohlengebiet und erzählt den Leuten das Evangelium. Im Erzählen beginnt er zu zeichnen. Und schließlich merkt er gar nicht, wie er still wird und nur noch zeichnet. Und seither tut er nichts anderes mehr, bis in seine letzte Stunde hinein, bis er sich entschließt, mit allem aufzuhören, weil er vielleicht wochenlang nicht würde malen können; da scheint es ihm natürlich, alles aufzugeben, das Leben vor allem. Was für eine Biographie. Ist es wirklich wahr, daß alle Welt so tut, jetzt, als verstünde sie das und die Bilder, die dabei entstehen? Müßten nicht doch im Grunde Kunsthändler und ebenso -Kritiker ratloser oder gleichgültiger sein, diesem lieben Eifernden gegenüber, in dem auch wieder etwas vom heiligen Franz auflebte? Ich wundere mich über seinen raschen Ruhm. Ach, wie hatte auch er abgetan und abgetan. Sein Selbstbildnis in der Mappe sieht dürftig und gequält aus, verzweifelt fast, aber doch nicht katastrophal: wie wenn es ein Hund schlecht hat. Und hält sein Gesicht hin und man sieht, sachlich, daß er es schlecht hat Tag und Nacht. Aber in seinen Bildern (dem Arbre fleuri) ist die Armut schon reich geworden: ein großer Glanz aus Innen. Und so sieht er alles, als Armer; man muß nur seine *Parke* vergleichen. Die sagt er auch so ruhig und einfach, wie für arme Leute, daß sie es begreifen können; ohne auf den Aufwand einzugehen, der in den Bäumen liegt; als wäre auch das schon Parteilichkeit. Er ist auf keiner Seite, ist nicht auf Seite der Parke, und seine Liebe zu alledem geht auf das Namenlose zu und ist so von ihm selber verborgen worden. Er zeigt sie nicht, er hat sie. Und tut sie aus sich heraus rasch in die Arbeit, in der Arbeit Innerstes, Unaufhörliches: rasch: und niemand hat sie gesehn! So fühlt man ihn in diesen vierzig Blättern: bist Du nun nicht doch ein wenig neben mir gewesen und vor der Mappe? ...

An Clara Rilke

... man ist ja noch immer so weit vom Immer-arbeiten-Können. Van Gogh konnte vielleicht die Fassung verlieren, aber die Arbeit war noch hinter der Fassung, aus ihr konnte er nicht mehr herausfallen. Und Rodin, wenn er unwohl ist, ist ganz nah an der Arbeit, schreibt schöne Sachen auf unzählige Zettel, liest Platon und denkt ihm nach. Mir ahnt aber, daß das nicht bloß Erziehung ist und Zwang, so zur Arbeit zu sein (es würde sonst ermüden, wie es mich die letzten Wochen ermüdet hat); es ist lauter Freude; es ist das natürliche Wohlsein in diesem Einen, an das nichts anderes heranreicht. Vielleicht muß man deutlicher noch die »Aufgabe« einsehen, die man hat, greifbarer noch, in Hunderten von Einzelheiten erkennbar. Ich fühle ja wohl, was Van Gogh an einer gewissen Stelle gefühlt haben muß, und fühle stark und groß: daß alles noch zu machen ist: alles. Aber die Zuwendung zum Nächsten gelingt mir nicht, oder doch nur in den besten Momenten, während sie einem gerade in den schlechtesten am nötigsten ist. Van Gogh konnte ein Intérieur d'Hôpital machen und malte in den bangsten Tagen die bangsten Gegenstände. Wie hätte er sonst überstanden. Dazu muß man kommen und, das fühl ich wohl, nicht mit Zwang. Aus Einsicht, aus Lust, aus Nichtaufschiebenkönnen, in Anbetracht des vielen, was zu machen ist. Ach, daß man nicht Erinnerungen hätte an Nichtgearbeitethaben, die immer noch wohltun. Erinnerungen an Stilliegen und sich wohltun lassen. Erinnerungen an durchgewartete Stunden, über dem Blättern in alten Abbildungen, über dem Lesen irgendwelcher Romane –: und solche Erinnerungen haufenweise bis in die Kindheit hinein. Ganze Gebiete des Lebens verloren, selbst für das Wiedererzählen verloren, durch die Verführung, die immer noch von ihrer Müßigkeit ausgehen kann. Warum? Hätte man nur Arbeits-Erinnerungen von früh an: wie fest wäre es unter einem; man stünde. So aber sackt man jeden Moment wo hinein. Daß es so auch *in* einem: zwei Welt ist, das ist das Schlimmste. Manchmal gehe ich an kleinen Läden vorbei, in der rue de Seine etwa; Händler mit Altsachen oder kleine Buch-Antiquare oder Kupferstichverkäufer mit ganz, ganz vollen Schaufenstern: nie tritt jemand ein bei ihnen, sie machen offenbar keine Geschäfte; aber man sieht hinein, und sie sitzen und lesen, unbesorgt (und sind doch nicht reich); sorgen nicht um morgen, ängstigen sich nicht um ein Gelingen, haben einen Hund, der vor ihnen sitzt, gut aufgelegt, oder eine Katze, die die Stille um sie noch größer macht, indem sie die Bücherreihen entlangstreicht, als wischte sie die Namen von den Rücken.

Ach, wenn das genügte: ich wünschte manchmal mir so ein volles Schaufenster zu kaufen und mich mit einem Hund dahinterzusetzen für zwanzig Jahre. Am Abend wäre Licht in der Hinterstube, vorn alles ganz dunkel, und wir säßen zu dritt und äßen, hinten; ich habe bemerkt, von der Straße aus gesehen, nimmt sich das wie ein Abendmahl aus jedesmal, so groß und feierlich durch den dunkeln Raum. (So aber muß man immer alle die Sorgen haben, die großen und die kleinen.) ... Du weißt, wie ich das meine: ohne Beklagung. Es ist ja auch gut so und soll noch besser werden ...

Herbsttag

Herr: es ist Zeit. Der Sommer war sehr groß.
Leg deinen Schatten auf die Sonnenuhren,
und auf den Fluren laß die Winde los.

Befiehl den letzten Früchten voll zu sein;
gieb ihnen noch zwei südlichere Tage,
dränge sie zur Vollendung hin und jage
die letzte Süße in den schweren Wein.

Wer jetzt kein Haus hat, baut sich keines mehr.
Wer jetzt allein ist, wird es lange bleiben,
wird wachen, lesen, lange Briefe schreiben
und wird in den Alleen hin und her
unruhig wandern, wenn die Blätter treiben.

Das Buch der Bilder

Herbst

Die Blätter fallen, fallen wie von weit,
als welkten in den Himmeln ferne Gärten;
sie fallen mit verneinender Gebärde.

Und in den Nächten fällt die schwere Erde
aus allen Sternen in die Einsamkeit.

Wir alle fallen. Diese Hand da fällt.
Und sieh dir andre an: es ist in allen.

Und doch ist Einer, welcher dieses Fallen
unendlich sanft in seinen Händen hält.

Das Buch der Bilder

Der Panther
Im Jardin des Plantes, Paris

Sein Blick ist vom Vorübergehn der Stäbe
so müd geworden, daß er nichts mehr hält.
Ihm ist, als ob es tausend Stäbe gäbe
und hinter tausend Stäben keine Welt.

Der weiche Gang geschmeidig starker Schritte,
der sich im allerkleinsten Kreise dreht,
ist wie ein Tanz von Kraft um eine Mitte,
in der betäubt ein großer Wille steht.

Nur manchmal schiebt der Vorhang der Pupille
sich lautlos auf –. Dann geht ein Bild hinein,
geht durch der Glieder angespannte Stille –
und hört im Herzen auf zu sein.

Neue Gedichte

An Clara Rilke

... es ist doch wieder das gleiche Regnen, das ich Dir nun schon so oft beschrieben habe; als hätte der Himmel nur einen Augenblick hell aufgesehn, um gleich darauf wieder weiterzulesen in den gleichmäßigen Regenzeilen. Aber es vergißt sich nicht so leicht, daß unter der trüben Tünche dieses Licht und diese Tiefe ist, die man gestern sah: nun weiß man es wenigstens.

Gleich am Morgen hatte ich von Deinem Herbst gelesen, und all die Farben, die Du in den Brief hineingebracht hattest, verwandelten sich in meinem Gefühl zurück und erfüllten mein Bewußtsein bis an den Rand mit Stärke und Strahlung. Während ich hier gestern den aufgelösten lichten Herbst bewunderte, gingst Du durch jenen andern heimatlichen, der auf rotem Holz gemalt ist, so wie dieser hier auf Seide. Und das eine reichte an uns heran und das andere; so tief auf den Grund aller Verwandlung sind wir gestellt, wir Wandelbarsten, die mit einer Neigung, alles zu begreifen, herumgehen und die (indem wir es doch nicht fassen) das Übergroße zur Handlung unseres Herzens machen, damit es uns nicht zerstöre. Wenn ich hinaufkäme zu Euch, so würde ich gewiß auch den Prunk von Moor und Heide, das schwebend helle Grün der Wiesenstücke und die Birken neu und anders sehen; zwar hat diese Verwandlung, da ich sie einmal ganz erlebte und teilte, einen Teil des Stundenbuchs hervorgerufen; aber damals war mir die Natur noch ein allgemeiner Anlaß, eine Evokation, ein Instrument, in dessen Saiten sich meine Hände wiederfanden; ich saß noch nicht vor ihr; ich ließ mich hinreißen von der Seele, welche von ihr ausging; sie kam über mich mit ihrer Weite, mit ihrem großen übertriebenen Dasein, wie das Prophezeien über Saul kam; genau so. Ich schritt einher und sah, sah nicht die Natur, sondern die Gesichte, die sie mir eingab. Wie wenig hätte ich damals vor Cézanne, vor Van Gogh zu lernen gewußt. Daran, wieviel Cézanne mir jetzt zu tun gibt, merk ich, wie sehr ich anders geworden bin. Ich bin auf dem Wege, ein Arbeiter zu werden, auf einem weiten Weg vielleicht und wahrscheinlich erst bei dem ersten Meilenstein; aber trotzdem, ich kann schon den Alten begreifen, der irgendwo weit vorne gegangen ist, allein, nur mit Kindern hinter sich, die Steine werfen (wie ich es einmal in dem Fragment von den Einsamen beschrieben habe). Ich war heute wieder bei seinen Bildern; es ist merkwürdig, was für eine Umgebung sie bilden. Ohne ein einzelnes zu betrachten, mitten zwischen den beiden Sälen stehend, fühlt man ihre Gegenwart sich zusammentun zu einer kolossalen Wirklichkeit. Als ob diese Farben einem die Unentschlossenheit abnähmen ein für allemal. Das gute Gewissen dieser Rots, dieser Blaus, ihre einfache Wahrhaftigkeit erzieht einen; und stellt man sich so bereit als möglich unter sie, so ist es, als täten sie etwas für einen. Man merkt auch, von Mal zu Mal besser, wie notwendig es war, auch noch über die Liebe hinauszukommen; es ist ja natürlich, daß man jedes dieser Dinge liebt, wenn man es macht: zeigt man das aber, so macht man es weniger gut; man *beurteilt* es, statt es zu *sagen*. Man hört auf, unparteiisch zu sein; und das Beste, die Liebe, bleibt außerhalb der Arbeit, geht nicht in sie ein, restiert unumgesetzt neben ihr: so entstand die Stimmungsmalerei (die um nichts besser ist als die stoffliche). Man malte: ich liebe dieses hier; statt zu malen: hier ist es. Wobei denn jeder selbst gut zusehen muß, ob ich es geliebt habe. Das ist durchaus nicht gezeigt, und manche werden sogar behaupten, da wäre von keiner Liebe die Rede. So ohne Rückstand ist sie aufgebraucht in der Aktion des Machens. Dieses Aufbrauchen der Liebe in anonymer Arbeit, woraus so reine Dinge entstehen, ist vielleicht noch keinem so völlig gelungen wie dem Alten; seine mißtrauisch und mürrisch gewordene innere Natur unterstützte ihn darin. Er hätte gewiß keinem Menschen mehr seine Liebe gezeigt, so

127

er eine hätte fassen müssen; aber mit dieser Anlage, die durch seine abgesonderte Wunderlichkeit ganz ausentwickelt worden war, wandte er sich nun auch an die Natur und wußte seine Liebe zu jedem Apfel zu verbeißen und in dem gemalten Apfel unterzubringen für immer. Kannst Du Dir denken, wie das ist und wie man es an ihm erlebt? Ich habe die ersten Korrekturen von der Insel. In den Gedichten sind instinktive Ansätze zu ähnlicher Sachlichkeit. Die »*Gazelle*« lasse ich auch stehen: sie ist gut. Leb wohl ...

Die Gazelle
Gazella Dorcas

Verzauberte: wie kann der Einklang zweier
erwählter Worte je den Reim erreichen,
der in dir kommt und geht, wie auf ein Zeichen.
Aus deiner Stirne steigen Laub und Leier,

und alles Deine geht schon im Vergleich
durch Liebeslieder, deren Worte, weich
wie Rosenblätter, dem, der nicht mehr liest,
sich auf die Augen legen, die er schließt:

um dich zu sehen: hingetragen, als
wäre mit Sprüngen jeder Lauf geladen
und schösse nur nicht ab, solang der Hals

das Haupt ins Horchen hält: wie wenn beim Baden
im Wald die Badende sich unterbricht:
den Waldsee im gewendeten Gesicht.

Neue Gedichte

Blaue Hortensie

So wie das letzte Grün in Farbentiegeln
sind diese Blätter, trocken, stumpf und rauh,
hinter den Blütendolden, die ein Blau
nicht auf sich tragen, nur von ferne spiegeln.

Sie spiegeln es verweint und ungenau,
als wollten sie es wiederum verlieren,
und wie in alten blauen Briefpapieren
ist Gelb in ihnen, Violett und Grau;

Verwaschnes wie an einer Kinderschürze,
Nichtmehrgetragnes, dem nichts mehr geschieht:
wie fühlt man eines kleinen Lebens Kürze.

Doch plötzlich scheint das Blau sich zu verneuen
in einer von den Dolden, und man sieht
ein rührend Blaues sich vor Grünem freuen.

Neue Gedichte

Römische Fontäne
Borghese

Zwei Becken, eins das andre übersteigend
aus einem alten runden Marmorrand,
und aus dem oberen Wasser leis sich neigend
zum Wasser, welches unten wartend stand,

dem leise redenden entgegenschweigend
und heimlich, gleichsam in der hohlen Hand,
ihm Himmel hinter Grün und Dunkel zeigend
wie einen unbekannten Gegenstand;

sich selber ruhig in der schönen Schale
verbreitend ohne Heimweh, Kreis aus Kreis,
nur manchmal träumerisch und tropfenweis

sich niederlassend an den Moosbehängen
zum letzten Spiegel, der sein Becken leis
von unten lächeln macht mit Übergängen.

Neue Gedichte

Das Karussell
Jardin du Luxembourg

Mit einem Dach und seinem Schatten dreht
sich eine kleine Weile der Bestand
von bunten Pferden, alle aus dem Land,
das lange zögert, eh es untergeht.
Zwar manche sind an Wagen angespannt,
doch alle haben Mut in ihren Mienen;
ein böser roter Löwe geht mit ihnen
und dann und wann ein weißer Elefant.

Sogar ein Hirsch ist da, ganz wie im Wald,
nur daß er einen Sattel trägt und drüber
ein kleines blaues Mädchen aufgeschnallt.

Und auf dem Löwen reitet weiß ein Junge
und hält sich mit der kleinen heißen Hand,
dieweil der Löwe Zähne zeigt und Zunge.

Und dann und wann ein weißer Elefant.

Und auf den Pferden kommen sie vorüber
auch Mädchen, helle, diesem Pferdesprunge
fast schon entwachsen; mitten in dem Schwunge
schauen sie auf, irgendwohin, herüber –

Und dann und wann ein weißer Elefant.

Und das geht hin und eilt sich, daß es endet,
und kreist und dreht sich nur und hat kein Ziel.
Ein Rot, ein Grün, ein Grau vorbeigesendet,
ein kleines kaum begonnenes Profil –.
Und manchesmal ein Lächeln, hergewendet,
ein seliges, das blendet und verschwendet
an dieses atemlose blinde Spiel ...

Neue Gedichte

Die Flamingos
Jardin des Plantes, Paris

In Spiegelbildern wie von Fragonard
ist doch von ihrem Weiß und ihrer Röte
nicht mehr gegeben, als dir einer böte,
wenn er von seiner Freundin sagt: sie war

noch sanft von Schlaf. Denn steigen sie ins Grüne
und stehn, auf rosa Stielen leicht gedreht,
beisammen, blühend, wie in einem Beet,
verführen sie verführender als Phryne

sich selber; bis sie ihres Auges Bleiche
hinhalsend bergen in der eignen Weiche,
in welcher Schwarz und Fruchtrot sich versteckt.

Auf einmal kreischt ein Neid durch die Volière;
sie aber haben sich erstaunt gestreckt
und schreiten einzeln ins Imaginäre.

Der Neuen Gedichte anderer Teil

Papageien-Park
Jardin des Plantes, Paris

Unter türkischen Linden, die blühen, an Rasenrändern,
in leise von ihrem Heimweh geschaukelten Ständern
atmen die Ara und wissen von ihren Ländern,
die sich, auch wenn sie nicht hinsehn, nicht verändern.

Fremd im beschäftigten Grünen wie eine Parade,
zieren sie sich und fühlen sich selber zu schade,
und mit den kostbaren Schnäbeln aus Jaspis und Jade
kauen sie Graues, verschleudern es, finden es fade.

Unten klauben die duffen Tauben, was sie nicht mögen,
während sich oben die höhnischen Vögel verbeugen
zwischen den beiden fast leeren vergeudeten Trögen.

Aber dann wiegen sie wieder und schläfern und äugen,
spielen mit dunkelen Zungen, die gerne lögen,
zerstreut an den Fußfesselringen. Warten auf Zeugen.

Der Neuen Gedichte anderer Teil

Rosa Hortensie

Wer nahm das Rosa an? Wer wußte auch,
daß es sich sammelte in diesen Dolden?
Wie Dinge unter Gold, die sich entgolden,
enträten sie sich sanft, wie im Gebrauch.

Daß sie für solches Rosa nichts verlangen.
Bleibt es für sie und lächelt aus der Luft?
Sind Engel da, es zärtlich zu empfangen,
wenn es vergeht, großmütig wie ein Duft?

Oder vielleicht auch geben sie es preis,
damit es nie erführe vom Verblühn.
Doch unter diesem Rosa hat ein Grün
gehorcht, das jetzt verwelkt und alles weiß.

Der Neuen Gedichte anderer Teil

Archaïscher Torso Apollos

Wir kannten nicht sein unerhörtes Haupt,
darin die Augenäpfel reiften. Aber
sein Torso glüht noch wie ein Kandelaber,
in dem sein Schauen, nur zurückgeschraubt,

sich hält und glänzt. Sonst könnte nicht der Bug
der Brust dich blenden, und im leisen Drehen
der Lenden könnte nicht ein Lächeln gehen
zu jener Mitte, die die Zeugung trug.

Sonst stünde dieser Stein entstellt und kurz
unter der Schultern durchsichtigem Sturz
und flimmerte nicht so wie Raubtierfelle;

und bräche nicht aus allen seinen Rändern
aus wie ein Stern: denn da ist keine Stelle,
die dich nicht sieht. Du mußt dein Leben ändern.

Der Neuen Gedichte anderer Teil

Wie das Gestirn, der Mond, erhaben, voll Anlaß,
plötzlich die Höhn übertritt, die entworfene Nacht
gelassen vollendend: siehe: so steigt mir
rein die Stimme hervor aus Gebirgen des Nichtmehr.
Und die Stellen, erstaunt, an denen du dawarst und
                                        fortkamst,
schmerzen klarer dir nach.

Zur Zeit, als ich die Schule besuchte, mochte der Phonograph erst kürzlich erfunden worden sein. Er stand jedenfalls im Mittelpunkte des öffentlichen Erstaunens, und so mag es sich erklären, daß unser Physiklehrer, ein zu allerhand emsigen Basteleien geneigter Mann, uns anleitete, einen derartigen Apparat aus dem handgreiflichsten Zubehöre geschickt zusammenzustellen. Dazu war nicht mehr nötig, als was ich im Folgenden aufzähle. Ein Stück biegsamerer Pappe, zu einem Trichter zusammengebogen, dessen engere runde Öffnung man sofort mit einem Stück undurchlässigen Papiers, von jener Art, wie man es zum Verschlusse der Gläser eingekochten Obstes zu verwenden pflegt, verklebte, auf diese Weise eine schwingende Membran improvisierend, in deren Mitte, mit dem nächsten Griff, eine Borste aus einer stärkeren Kleiderbürste, senkrecht abstehend, eingesteckt wurde. Mit diesem Wenigen war die eine Seite der geheimnisvollen Maschine hergestellt, Annehmer und Weitergeber standen in voller Bereitschaft, und es handelte sich nun nur noch um die Verfertigung einer aufnehmenden Walze, die, mittels einer kleinen Kurbel drehbar, dicht an den einzeichnenden Stift herangeschoben werden konnte. Ich erinnere nicht, woraus wir sie herstellten; es fand sich eben irgend ein Zylinder, den wir, so gut und so schlecht uns das gelingen mochte, mit einer dünnen Schicht Kerzenwachs überzogen, welches kaum verkaltet und erstarrt war, als wir schon, mit der Ungeduld, die über dem dringenden Geklebe und Gemache in uns zugenommen hatte, einer den andern fortdrängend, die Probe auf unsere Unternehmung anstellten. Man wird sich ohneweiters vorstellen können, wie das geschah. Sprach oder sang jemand in den Schalltrichter hinein, so übertrug der in dem Pergamente steckende Stift die Tonwellen auf die empfängliche Oberfläche der langsam an ihm vorbei gedrehten Rolle, und ließ man gleich darauf den eifrigen Zeiger seinen eigenen (inzwischen durch einen Firnis befestigten) Weg wieder verfolgen, so zitterte, schwankte aus der papierenen Tüte der eben noch unsrige Klang, unsicher zwar, unbeschreiblich leise und zaghaft und stellenweise versagend, auf uns zurück. Die Wirkung war jedesmal die vollkommenste. Unsere Klasse gehörte nicht eben zu den ruhigsten, und es möchten nicht viele Augenblicke gewesen sein, da sie, gemeinsam, einen ähnlichen Grad von Stille zu erreichen fähig war. Das Phänomen blieb ja auch überraschend, ja recht eigentlich erschütternd von einem Male zum anderen. Man stand gewissermaßen einer neuen, noch unendlich zarten Stelle der Wirklichkeit gegenüber, aus der uns, Kinder, ein bei weitem Überlegenes doch unsäglich anfängerhaft und gleichsam Hülfe suchend ansprach. Damals und durch die Jahre hin meinte ich, es sollte mir gerade dieser selbständige, von uns abgezogene und draußen aufbewahrte Klang unvergeßlich bleiben. Daß es anders kam, ist die Ursache dieser Aufzeichnung. Nicht er, nicht der Ton aus dem Trichter, überwog, wie sich zeigen sollte, in meiner Erinnerung, sondern jene der Walze eingeritzten Zeichen waren mir um vieles eigentümlicher geblieben.

Vierzehn oder fünfzehn Jahre mochten seit jener Schulzeit hingegangen sein, als mir dies eines Tages zum Bewußtsein kam. Es war in meiner ersten Pariser Zeit, ich besuchte damals mit ziemlichem Eifer die Anatomie-Vorlesungen an der École des Beaux-Arts, wobei mich nicht so sehr das vielfältige Geflecht der Muskeln und Sehnen oder die vollkommene Verabredung der inneren Organe anzusprechen schien, als vielmehr das aride Skelett, dessen verhaltene Energie und Elastizität mir damals schon über den Blättern Lionardos sichtbar geworden war. So sehr ich nun auch an dem baulichen Ganzen rätselte, – es war mir zu viel; meine Betrachtung sammelte sich immer wieder zur Untersuchung des Schädels, in dem, sozusagen, das Äußerste, wozu dieses kalkige Element sich noch anspannen konnte, mir geleistet schien, als ob es gerade hier überredet worden wäre, sich zu einem entscheidenden Dienst bedeutend anzustrengen, um ein letzthin Gewagtes, im engen Einschluß schon wieder grenzenlos Wirkendes in seinen festen Schutz zu nehmen. Die Bezauberung, die dieses besondere, gegen einen durchaus weltischen Raum abgeschlossene Gehäus auf mich ausübte, ging schließlich so weit, daß ich mir einen Schädel anschaffte, um nun auch so manche Nachtstunde mit ihm zuzubringen; und, wie es mir immer mit den Dingen geht: nicht allein die Augenblicke absichtlicher Beschäftigung haben mir diesen zweideutigen Gegenstand merkwürdiger angeeignet –, meine Vertrautheit mit ihm verdank ich ohne Zweifel zu einem gewissen Teile dem streifenden Blick, mit dem wir die gewohnte Umgebung, wenn sie nur einige Beziehung zu uns hat, unwillkürlich prüfen und auffassen. Ein solcher Blick war es, den ich plötzlich in seinem Verlaufe anhielt und genau und aufmerksam einstellte. In dem oft so eigentümlich wachen und auffordernden Lichte der Kerze war mir soeben die Kronen-Naht ganz auffallend sichtbar geworden, und schon wußte ich auch, woran sie mich erinnerte: an eine jener unvergessenen Spuren, wie sie einmal durch die Spitze einer Borste in eine kleine Wachsrolle eingeritzt worden waren!

Und nun weiß ich nicht: ist es eine rhythmische Eigenheit meiner Einbildung, daß mir seither, oft in weiten Abständen von Jahren, immer wieder der Antrieb aufsteigt, aus dieser damals unvermittelt wahrgenommenen Ähnlichkeit den Absprung zu nehmen zu einer ganzen Reihe von unerhörten Versuchen? Ich gestehe sofort, daß ich die Lust dazu, sooft sie sich meldete, nie anders, als mit dem strengsten Mißtraun behandelt habe, – bedarf es eines Beweises dafür, so liege er in dem Umstande, daß ich mich erst jetzt, wiederum mehr als anderthalb Jahrzehnte später, zu einer vorsichtigen Mitteilung entschließe. Auch habe ich zugunsten meines Einfalls mehr nicht anzuführen, als seine eigensinnige Wiederkehr, durch die er mich, ohne Zusammenhang mit meinen übrigen Beschäftigungen, bald hier, bald dort, in den unterschiedlichsten Verhältnissen überrascht hat.

Was wird mir nun immer wieder innerlich vorgeschlagen? Es ist dieses:

Die Kronen-Naht des Schädels (was nun zunächst zu untersuchen wäre) hat – nehmen wirs an – eine gewisse Ähnlichkeit mit der dicht gewundenen Linie, die der Stift eines Phonographen in den empfangenden rotierenden Zylinder des Apparates eingräbt. Wie nun, wenn man diesen Stift täuschte und ihn, wo er zurückzuleiten hat, über eine Spur lenkte, die nicht aus der graphischen Übersetzung eines Tones stammten, sondern ein an sich und natürlich Bestehendes –, gut: sprechen wirs nur aus: eben (z.B.) die Kronen-Naht wäre –: Was würde geschehen? Ein Ton müßte entstehen, eine Ton-Folge, eine Musik …

Gefühle –, welche? Ungläubigkeit, Scheu, Furcht, Ehrfurcht –: ja: welches nur von allen hier möglichen Gefühlen? verhindert mich, einen Namen vorzuschlagen für das Ur-Geräusch, welches da zur Welt kommen sollte …

Dieses für einen Augenblick hingestellt: was für, irgendwo vorkommende Linien möchte man da nicht unterschieben und auf die Probe stellen? Welchen Kontur nicht gewissermaßen auf diese Weise zu Ende ziehen, um ihn dann, verwandelt, in einem anderen Sinn-Bereich herandringen zu fühlen?

In einer gewissen Zeit, da ich mich mit arabischen Gedichten zu beschäftigen begann, an deren Entstehung die fünf Sinne einen gleichzeitigeren und gleichmäßigeren Anteil zu haben scheinen, fiel es mir zuerst auf, wie ungleich und einzeln der jetzige europäische Dichter sich dieser Zuträger bedient; von denen fast nur der eine, das Gesicht, mit Welt überladen, ihn beständig überwältigt; wie gering ist dagegen schon der Beitrag, den das unaufmerksame Gehör ihm zuflößt, gar nicht zu reden von der Teilnahmslosigkeit der übrigen Sinne, die nur abseits und mit vielen Unterbrechungen in ihren nützlich eingeschränkten Gebieten sich betätigen. Und doch kann das vollendete Gedicht nur unter der Bedingung entstehen, daß die mit fünf Hebeln gleichzeitig angegriffene Welt unter einem bestimmten Aspekt auf jener übernatürlichen Ebene erscheine, die eben die des Gedichtes ist.

Eine Frau, der solches in einem Gespräche vorgetragen wurde, rief aus, diese wunderbare, zugleich einsetzende Befähigung und Leistung aller Sinne sei doch nichts anderes, als Geistesgegenwart und Gnade der Liebe –, und sie legte damit (nebenbei) ein eigenes Zeugnis ein für die sublime Wirklichkeit des Gedichts. Aber eben deshalb ist der Liebende in so großartiger Gefahr, weil er auf das Zusammenwirken seiner Sinne angewiesen ist, von denen er doch weiß, daß sie nur in jener einzigen gewagten Mitte sich treffen, in der sie, alle Breite aufgebend, zusammenlaufen und in der kein Bestand ist.

Indem ich mich so ausdrücke, habe ich schon die Zeichnung vor mir, deren ich mich, als eines angenehmen Behelfes, jedesmal bediente, sooft ähnliche Erwägungen sich aufdrängten. Stellt man sich das gesamte Erfahrungsbereich der Welt, auch seine uns übertreffenden Gebiete, in einem vollen Kreise dar, so wird es sofort augenscheinlich, um wieviel größer die schwarzen Sektoren sind, die das uns Unerfahrbare bezeichnen, gemessen an den ungleichen lichten Ausschnitten, die den Scheinwerfern der Sensualität entsprechen.

Nun ist die Lage des Liebenden die, daß er sich unversehens in die Mitte des Kreises gestellt fühlt, dorthin also, wo das Bekannte und das Unerfaßliche in einem einzigen Punkte zusammendringt, vollzählig wird und Besitz schlechthin, allerdings unter Aufhebung aller Einzelheit. Dem Dichter wäre mit dieser Versetzung nicht gedient,

142

ihm muß das vielfältig Einzelne gegenwärtig bleiben, er ist angehalten, die Sinnes-Ausschnitte ihrer Breite nach zu gebrauchen, und so muß er auch wünschen, jeden einzelnen so weit als möglich auszudehnen, damit einmal seiner geschürzten Entzückung der Sprung durch die fünf Gärten in einem Atem gelänge.

Beruht die Gefahr des Liebenden in der Unausgedehntheit seines Standpunkts, so ist es jene des Dichters, der Abgründe gewahr zu werden, die die eine Ordnung der Sinnlichkeit von der anderen scheiden: in der Tat, sie sind weit und saugend genug, um den größeren Teil der Welt – und wer weiß, wieviel Welten – an uns vorbei hinwegzureißen.

Die Frage entsteht hier, ob die Arbeit des Forschers die Ausdehnung dieser Sektoren in der von uns angenommenen Ebene wesentlich zu erweitern vermag? Ob nicht die Erwerbung des Mikroskops, des Fernrohrs und so vieler, die Sinne nach oben oder unten verschiebender Vorrichtungen in eine *andere* Schichtung zu liegen kommen, da doch der meiste, so gewonnene Zuwachs sinnlich nicht durchdrungen, also nicht eigentlich »erlebt« werden kann. Es möchte nicht voreilig sein, zu vermuten, daß der Künstler, der diese (wenn man es so nennen darf) fünffingrige Hand seiner Sinne zu immer regerem und geistigerem Griffe entwickelt, am entscheidensten an einer Erweiterung der einzelnen Sinn-Gebiete arbeitet, nur daß seine beweisende Leistung, da sie ohne das Wunder zuletzt nicht möglich ist, ihm nicht erlaubt, den persönlichen Gebietsgewinn in die aufgeschlagene allgemeine Karte einzutragen.

Sieht man sich aber nun nach einem Mittel um, unter so seltsam abgetrennten Bereichen die schließlich dringende Verbindung herzustellen, welches könnte versprechender sein als jener, in den ersten Seiten dieser Erinnerung angeratene Versuch? Wenn er hier am Schlusse, mit der schon versicherten Zurückhaltung, nochmals vorgeschlagen wird, so möge man es dem Schreibenden in einem gewissen Grade anrechnen, daß er der Verführung widerstehen konnte, die damit gebotenen Voraussetzungen in den freien Bewegungen der Phantasie willkürlich auszuführen. Dafür schien ihm der, während so vielen Jahren übergangene und immer wieder hervortretende Auftrag zu begrenzt und zu ausdrücklich zu sein.

Soglio, am Tage Mariae Himmelfahrt 1919

Guter Tag.   Da prüft man noch: was bringt er?
Und wie langsam liest man seine Schrift.
Rascher, reiner, kühner, unbedingter:
oh wie uns die Freude übertrifft.

Ist uns als die Künftigste zuvor,
wendet sich und blickt und macht uns schneller,
und wir folgen wie die Vogelsteller,
und das Herz klingt oben bis ins Ohr.

Glück: was rollt das schwer auf seinem Rade,
müde, immer wieder unbereit;
aber Freude steht und blüht gerade,
und wir treten an die Jahreszeit.

Wunderliches Wort: die Zeit vertreiben!
Sie zu *halten*, wäre das Problem.
Denn, wen ängstigts nicht: wo ist ein Bleiben,
wo ein endlich *Sein* in alledem? –

Sieh, der Tag verlangsamt sich, entgegen
jenem Raum, der ihn nach Abend nimmt:
Aufstehn wurde Stehn, und Stehn wird Legen,
und das willig Liegende verschwimmt –

Berge ruhn, von Sternen überprächtigt; –
aber auch in ihnen flimmert Zeit.
Ach, in meinem wilden Herzen nächtigt
obdachlos die Unvergänglichkeit.

Jetzt wär es Zeit, daß Götter träten aus
bewohnten Dingen ...
Und daß sie jede Wand in meinem Haus
umschlügen. Neue Seite. Nur der Wind,
den solches Blatt im Wenden würfe, reichte hin,
die Luft, wie eine Scholle, umzuschaufeln:
ein neues Atemfeld. Oh Götter, Götter!
Ihr Oftgekommnen, Schläfer in den Dingen,
die heiter aufstehn, die sich an den Brunnen,
die wir vermuten, Hals und Antlitz waschen
und die ihr Ausgeruhtsein leicht hinzutun
zu dem, was voll scheint, userm vollen Leben.
Noch einmal sei es euer Morgen, Götter.
Wir wiederholen. Ihr allein seid Ursprung.
Die Welt steht auf mit euch, und Anfang glänzt
an allen Bruchstelln unseres Mißlingens ...

Von nahendem Regen fast zärtlich verdunkelter Garten,
Garten unter der zögernden Hand.
Als besännen sich, ernster, in den Beeten die Arten,
wie es geschah, daß sie ein Gärtner erfand.

Denn sie denken ja ihn; gemischt in die heitere Freiheit
bleibt sein bemühtes Gemüt, bleibt vielleicht sein
                                          Verzicht.
Auch an ihnen zerrt, die uns so seltsam erzieht,
                                   diese Zweiheit;
noch in dem Leichtesten wecken wir Gegengewicht.

Das Schöne und das Schreckliche

An Margot Sizzo

12. April 1923

Mehr als einmal schon habe ich Ihnen angedeutet, wie ich mehr und mehr in meinem Leben und in meiner Arbeit nur noch von dem Bestreben geführt bin, überall unsere alten Verdrängungen zu korrigieren, die uns die Geheimnisse entrückt und nach und nach entfremdet haben, aus denen wir unendlich aus dem Vollen leben könnten. Die Furchtbarkeit hat die Menschen erschreckt und entsetzt: aber wo ist ein Süßes und Herrliches, das nicht zu Zeiten *diese* Maske trüge, die des Furchtbaren? Das Leben selbst – und wir kennen nichts außer ihm – ist es nicht furchtbar? Aber sowie wir seine Furchtbarkeit zugeben (nicht als Widersacher, denn *wie* vermöchten wir ihr gewachsen zu sein?), sondern irgendwie in einem Vertrauen, daß eben diese Furchtbarkeit ein ganz *Unsriges* sei, nur ein, vor der Hand, für unsere lernenden Herzen noch zu Großes, zu Weites, zu Unumfaßliches ..., sowie wir, meine ich, seine schrecklichste Furchtbarkeit bejahen, auf die Gefahr hin, an ihr (d. h. an unserem Zuviel!) zu Grunde zu gehen –, erschließt sich uns eine Ahnung des Seligsten, das um diesen Preis unser ist. Wer nicht der Fürchterlichkeit des Lebens irgendwann, mit einem endgültigen Entschlusse, zustimmt, ja ihr zujubelt, der nimmt die unsäglichen Vollmächte unseres Daseins nie in Besitz, der geht am Rande hin, der wird, wenn einmal die Entscheidung fällt, weder ein Lebendiger noch ein Toter gewesen sein.

Alles Erworbne bedroht die Maschine, solange
sie sich erdreistet, im Geist, statt im Gehorchen, zu sein.
Daß nicht der herrlichen Hand schöneres Zögern mehr
                                           prange,
zu dem entschlossenern Bau schneidet sie steifer den
                                           Stein.

Nirgends bleibt sie zurück, daß wir ihr *ein* Mal
                                           entrönnen
und sie in stiller Fabrik ölend sich selber gehört.
Sie ist das Leben, – sie meint es am besten zu können,
die mit dem gleichen Entschluß ordnet und schafft und
                                           zerstört.

Aber noch ist uns das Dasein verzaubert; an hundert
Stellen ist es noch Ursprung. Ein Spielen von reinen
Kräften, die keiner berührt, der nicht kniet und
                                           bewundert.

Worte gehen noch zart am Unsäglichen aus ...
Und die Musik, immer neu, aus den bebendsten Steinen,
baut im unbrauchbaren Raum ihr vergöttlichtes Haus.

Die Sonette an Orpheus
Zweiter Teil, X

Es war ein schönes und fruchtbares Land mit Wäldern, Feldern, Flüssen, Straßen und Städten. Ein König war darüber gesetzt von Gott, ein Greis, älter und stolzer als alle Könige, von denen man je Glaubwürdiges gehört hat. Dieses Königs einziges Kind war ein Mädchen von großer Jugend, Sehnsucht und Schönheit. Der König war verwandt mit allen Thronen der Nachbarschaft, seine Tochter aber war noch ein Kind und allein, wie ohne alle Verwandtschaft. Gewiß war ihre Sanftmut und Milde und die Macht ihres unerwachten stillen Angesichtes die unschuldige Ursache jenes Drachens, welcher, je mehr sie emporwuchs und aufblühte, desto näher heranschlich und sich endlich im Walde vor der schönsten Stadt des Landes, wie der Schrecken selber, niederließ; denn es bestehen geheime Beziehungen zwischen dem Schönen und dem Schrecklichen, an einer bestimmten Stelle ergänzen sich beide wie das lachende Leben und der nahe tägliche Tod.

Damit ist nicht gesagt, daß der Drache der jungen Dame feindlich war, wie ja auch niemand auf Ehre und Gewissen sagen kann, ob der Tod des Lebens Widersacher ist. Vielleicht hätte das große kochende Tier sich wie ein Hund neben dem schönen Mädchen niedergelegt und es wäre vielleicht nur durch die Abscheulichkeit der eigenen Zunge abgehalten worden, die lieblichsten Hände in tierischer Demut zu liebkosen. Aber man ließ es natürlich auf eine Probe nicht ankommen, zumal der Drache gegen alle, die zufällig in den Kreis seiner Kraft traten, erbarmungslos war und, einem sichtbaren Tode vergleichbar, alles, Kinder und Herden nicht ausgenommen, ergriff und behielt.

Der König wird es zuerst mit hoher Befriedigung vermerkt haben, daß diese Not und Gefahr viele Jünglinge seines Landes zu Männern machte. Diese jungen Leute aus allen Ständen, Adelige, Priesterschüler und Knechte, zogen aus wie in ein fremdes, fernes Land, hatten das Heldentum einer einzigen, heißen, atemlosen Stunde, in der sie Leben und Tod hatten und Hoffnung und Angst und alles – wie im Traum. Schon nach einigen Wochen fiel es keinem mehr ein, diese kühnen Söhne zu zählen und ihre Namen irgendwo aufzuzeichnen. Denn in solchen bangen Tagen gewöhnt sich das Volk auch an Helden; sie sind dann nichts Unerhörtes mehr. Das Gefühl, die Furcht, der Hunger von Tausenden schreit nach ihnen, und sie sind da, wie eine Notwendigkeit, wie Brot, von jenen letzten Gesetzen bedingt, die auch in den Zeiten des Unheils nicht aufhören zu wirken.

Als aber die Zahl derer, welche sich nach hoffnungsloser Gegenwehr opferten, immer noch wuchs, als fast in jeder Familie des Landes der beste Sohn (und oft noch in knabenhafter Jugend) gefallen war, da begann der König mit Recht zu fürchten, daß alle Erstlinge seines Landes zugrunde gehen könnten und daß zu viele junge Mädchen eine jungfräuliche Witwenschaft auf sich nehmen müßten für die langen Jahre eines kinderlosen Frauenlebens. Und er versagte seinen Untertanen den Kampf. Fremden Kaufleuten aber, die in namenlosem Entsetzen aus dem heimgesuchten Lande flohen, gab er eine Kunde mit, welche Könige, in ähnlicher Lage, seit alten Zeiten verbreiten ließen: wem es gelänge, das arme Land von diesem großen Tode zu befreien, der sollte die Hand der Königstochter erhalten, mag er von Adel sein oder eines Henkers letzter Sohn.

Und es zeigte sich, daß auch die Fremde voller Helden war, und daß der hohe Preis seine Wirkung nicht verfehlte. Die Fremden waren aber nicht glücklicher als die Einheimischen: sie kamen nur, um zu sterben.

In der Tochter des Königs ging in diesen Tagen eine Veränderung vor; wenn ihr Herz bis jetzt, von der Trauer und dem Verhängnis des Landes bedrückt, den Untergang des Untiers erflehte, so verbündete sich nun, da sie einem starken Unbekannten zugesprochen war, ihr naives Gefühl dem Bedränger, dem Drachen, und es kam so weit, daß sie in der Aufrichtigkeit des Traumes Gebete zu seinen Gunsten erfand und von heiligen Frauen verlangte, daß sie das Ungeheuer in ihren Schutz nehmen sollten.

Eines Morgens, als sie aus solchen Träumen voll Scham erwachte, kam ein Gerücht zu ihr, das sie erschreckte und verwirrte. Man erzählte sich von einem jungen Menschen, der – Gott weiß woher – zum Kampfe gekommen war, und dem es allerdings nicht gelang, den Drachen zu töten, wohl aber wund und blutend aus den Klauen des gräßlichen Feindes sich loszureißen und in den dichtesten Wald sich zu verkriechen. Dort fand man den Bewußtlosen, kalt in seiner kalten eisernen Schale, und brachte ihn in ein Haus, wo er nun in tiefem Fieber lag, mit heißem Blut hinter den brennenden Verbänden.

Als das junge Mädchen diese Nachricht vernahm, wäre sie gerne, wie sie war, in ihrem Hemde von weißer Seide, durch die Straßen gelaufen, um an dem Lager des Todkranken zu sein. Aber als die Kammermädchen sie angekleidet hatten, und sie ihr wunderschönes Kleid und ihr trauriges Gesicht in den vielen Spiegeln des Schlosses gehen und kommen sah, da verließ sie der Mut, so Ungewöhnliches zu wagen. Sie brachte es nicht einmal über sich, irgendeine verschwiegene Dienerin in das Haus zu senden, darin der fremde Kranke lag, um ihm eine Linderung zu schaffen, feine Leinwand oder eine sanfte Salbe.

Aber es war eine Unruhe in ihr, die sie beinahe krank machte. Bei Einbruch der Nacht saß sie lange am Fenster und suchte das Haus zu erraten, in dem der fremde Mann starb. Denn, daß er starb, schien ihr selbstverständlich. Nur *Eine* hätte ihn vielleicht retten können, aber diese Eine war viel zu feige, ihn zu suchen. Dieser Gedanke, daß das Leben des wunden Helden in ihre Hand gegeben sei, verließ sie nicht mehr. Dieser Gedanke stieß sie endlich nach dem dritten Tage, den sie so in Qualen und Selbstvorwürfen verbracht hatte, in die Nacht hinaus, in eine schwarze, bange, regnende Frühlingsnacht, in der sie herumirrte, wie in einem dunklen Zimmer. Sie wußte nicht, woran sie das Haus erkennen würde, das sie suchte. Aber sie erkannte es ohneweiters an einem Fenster, das weit offen stand, an einem Licht, das drinnen im Zimmer brannte, einem langen seltsamen Licht, bei dem niemand lesen oder schlafen konnte. Und langsam ging sie an dem Hause vorbei, hilflos, arm, versunken in die erste Traurigkeit ihres Lebens. Sie ging weiter und weiter. Der Regen hatte aufgehört; über losen Wolkenstreifen standen einzelne große Sterne, und irgendwo in einem Garten sang eine Nachtigall den Anfang ihrer Strophe, die sie noch nicht vollenden konnte. Sie hob immer wieder fragend an, und ihre Stimme war groß und gewaltig aus der Stille gewachsen, wie die Stimme eines Riesenvogels, dessen Nest auf den Wipfeln von neun Eichen ruht.

Als die Prinzessin endlich die Blicke, in denen Tränen standen, von ihrem langen Wege erhob, sah sie einen Wald und einen Streifen Morgen dahinter. Und vor diesem Streifen hob sich etwas Schwarzes ab, das sich zu nähern schien. Es war ein Reiter. Unwillkürlich drückte sie sich in das dunkle, nasse Gebüsch. Er ritt langsam an ihr vorbei, und sein Pferd war schwarz von Schweiß und bebte. Und er selbst schien zu zittern: alle Ringe seines Panzers klangen leise aneinander. Sein Haupt war ohne Helm, seine Hände waren bloß, sein Schwert hing schwer und müde herab. Sie sah sein Gesicht im Profil; es war heiß, mit verwehtem Haar.

Sie sah ihm nach, lange. Sie wußte: er hat den Drachen getötet. Und ihre Traurigkeit fiel ihr ab. Sie war kein verirrtes, verlorenes Ding mehr in dieser Nacht. Sie gehörte ihm, diesem fremden, zitternden Helden, sie war sein Besitz, als ob sie eine Schwester seines Schwertes wäre.

Und sie eilte nach Hause, um ihn zu erwarten. Sie kam unbemerkt in ihre Gemächer, und sobald es anging, weckte sie die Kammermädchen und ließ sich das schönste ihrer Kleider bringen. Während man es ihr anzog, erwachte die Stadt zu lauter Freude. Die Menschen jubelten und die Glocken überschlugen sich fast in den Türmen. Und die Prinzessin, die diesen Lärm hörte, wußte plötzlich, daß er nicht kommen würde. Sie versuchte, sich ihn vorzustellen, umwogt von der lauten Dankbarkeit der Menge: sie vermochte es nicht. Fast ängstlich suchte sie sich das Bild des einsamen Helden, des Zitternden, zu erhalten, wie sie ihn gesehen hatte. Als ob es wichtig wäre für ihr Leben, das nicht zu vergessen. Und dabei war ihr so festlich zu Mut, daß sie, obwohl sie wußte, daß niemand kommen würde, die Kammermädchen, die sie schmückten, nicht unterbrach. Sie ließ sich Smaragden und Perlen ins Haar verflechten, das sich, zum größten Erstaunen der Dienerinnen, feucht anfühlte. Die Prinzessin war fertig. Sie lächelte den Kammermädchen zu und ging, etwas bleich, an den Spiegeln vorbei, im Geräusche ihrer weißen Schleppe, die weit hinter ihr herkam.

Der greise König aber saß, ernst und würdig, im hohen Thronsaal. Die alten Paladine des Reiches standen um ihn und glänzten. Er wartete auf den fremden Helden, den Befreier.

Der aber ritt schon weit von der Stadt, und es war ein Himmel voll Lerchen über ihm. Hätte ihn jemand an den Preis seiner Tat erinnert, vielleicht wäre er lachend umgekehrt; er hatte ihn ganz vergessen.

An Margot Sizzo

Was ⟨…⟩ jene größeren Gedichte angeht, ⟨…⟩ so handelt es sich um jene im Winter 1912 auf Duino begonnenen, dann in Spanien und Paris fortgeführten Arbeiten, deren Vollendung und Ausgestaltung Krieg und Nachkrieg – wie ich oft fürchten mußte – zu vereiteln drohten. Das wäre hart gewesen; denn diese Gedichte enthalten das Wichtigste und Gültigste, was ich um die Zeit meiner Lebensmitte festzustellen vermocht hatte –, und es wäre das bitterste Verhängnis gewesen, an der reifsten inneren Stelle abgesagt zu bleiben und *das* nicht gestalten zu dürfen, wofür so viel Voraussetzungen von Leid und soviel Vermutungen der Seligkeit vorgewirkt hatten. Diese »Elegien« (so waren die Gedichte von Anfang an genannt, – es werden nun *zehn* sein –) sollen nun unter dem Titel: »Die Duineser Elegien« erhalten bleiben, um so mehr, als die Kriegsläufe die schützenden Mauern jenes wunderbaren adriatischen Schlosses (in dessen gastlicher Einsamkeit die ersten beiden Elegien und mehrere Fragmente, die nun in den späteren Gedichten vorkommen, entstanden sind) fast bis auf die letzte Spur zerstört haben (: »Le buste survit à la cité« schrieb Théophile Gautier, wenn ich recht zitiere, in einem seiner vollendeten Sonette).

Auch hier, auch hier, ach auch hier –, steht Leben und Kunst irgendwie im Widerspruch.

An Margot Sizzo

Die *Identität* von Furchtbarkeit und Seligkeit zu erweisen, dieser zwei Gesichter an demselben göttlichen Haupte, ja dieses einen *einzigen* Gesichts, das sich nur so oder so darstellt, je nach der Entfernung aus der, oder der Verfassung, in der wir es wahrnehmen ...: dies ist der wesentliche Sinn und Begriff meiner beiden Bücher, von denen nun das eine, die ‹...› merkwürdigen Sonette an Orpheus keine beabsichtigte oder erwartete Arbeit waren; sie stellten sich, oft *viele* an einem Tag (der erste Teil des Buches ist in etwa drei Tagen entstanden), völlig unerwartet ein, im Februar vorigen Jahres, da ich vielmehr dabei war, mich für die Fortsetzung jener anderen Gedichte – der großen Duineser Elegien – zu sammeln. Ich konnte nichts tun, als das Diktat dieses inneren Andrangs rein und gehorsam hinzunehmen; auch begriff ich erst nach und nach den Bezug dieser Strophen zu der Gestalt jener achtzehn- oder neunzehnjährig verstorbenen Wera Knoop, die ich wenig gekannt und nur ein paar Mal im Leben, da sie noch ein Kind war, gesehen habe, freilich mit eigentümlicher Aufmerksamkeit und Ergriffenheit. Ohne daß ich es so anordnete (bis auf wenige Gedichte am Eingang des zweiten Teils, behielten alle Sonette die chronologische Folge ihrer Entstehung), ergab es sich, daß nur jeweils die *vor*letzten Gedichte der beiden Teile auf Wera ausdrücklich Bezug nehmen, sie anreden, oder ihre Gestalt hervorrufen.

Dieses schöne Kind, das erst zu tanzen anfing und, bei allen, die sie damals sahen, Aufsehen erregte, durch die ihrem Körper und Gemüt eingeborene Kunst der Bewegung und Wandlung, – erklärte ihrer Mutter unvermutet, daß sie nicht länger tanzen könne oder wolle ...; (das war eben am Ausgang des Kindseins) ihr Körper veränderte sich seltsam, wurde, ohne seine schöne östliche Gestaltung zu verlieren, seltsam schwer und massiv ... (was schon der

Anfang der geheimnisvollen Drüsen-Erkrankung war, die dann so rasch den Tod herbeiführen sollte) … In der Zeit, die ihr noch blieb, trieb Wera Musik, schließlich zeichnete sie nur noch –, als ob sich der versagte Tanz immer leiser, immer diskreter noch aus ihr ausgäbe …

Dich aber will ich nun, *Dich,* die ich kannte
wie eine Blume, von der ich den Namen nicht weiß,
noch *ein* Mal erinnern und ihnen zeigen, Entwandte,
schöne Gespielin des unüberwindlichen Schrei's.

Tänzerin erst, die plötzlich, den Körper voll Zögern,
anhielt, als göß man ihr Jungsein in Erz;
trauernd und lauschend –. Da, von den hohen
                                                      Vermögern
fiel ihr Musik in das veränderte Herz.

Nah war die Krankheit. Schon von den Schatten
                                                      bemächtigt,
drängte verdunkelt das Blut, doch, wie flüchtig
                                                      verdächtigt,
trieb es in seinen natürlichen Frühling hervor.

Wieder und wieder, von Dunkel und Sturz unterbrochen,
glänzte es irdisch. Bis es nach schrecklichem Pochen
trat in das trostlos offene Tor.

Die Sonette an Orpheus
Erster Teil, XXV

So oft du auch die Blumen der vertrauten
spielenden Wiesen dir zum Kranze wandest
und wie zur Probe, froh, im Schmucke standest,
vor jenen Augen, die dich täglich schauten –:

Nun faß dich neu für einen neuen Kranz.
Die andern waren wie ein Wettspiel, heiter,
ein Mitblühn, ach, ein Längerblühn –, was weiter?
Doch dieser neue übertrifft dich ganz.

Er stammt von Sträuchern südlicher Gelände.
Dies Weiße seiner Blüten täuscht: sie glühn.
Orangenpracht und Stolz der Taxuswände
sind ihm verwandt –, und tief im Immergrün

ist Vorrat wie zur Schöpfung einer Nacht …
Mehr als wir je   vermag er dich zu fassen,
der fremde Kranz –: so sei ihm überlassen,
ihm, der dich rein und sternig überwacht!

Die siebente Elegie

Werbung nicht mehr, nicht Werbung, entwachsene
                                        Stimme,
sei deines Schreies Natur; zwar schrieest du rein wie
                                        der Vogel,
wenn ihn die Jahreszeit aufhebt, die steigende, beinah
                                        vergessend,
daß er ein kümmerndes Tier und nicht nur ein einzelnes
                                        Herz sei,
das sie ins Heitere wirft, in die innigen Himmel.
                                        Wie er, so
würbest du wohl, nicht minder –, daß, noch unsichtbar,
dich die Freundin erführ, die stille, in der eine Antwort
langsam erwacht und über dem Hören sich anwärmt, –
deinem erkühnten Gefühl die erglühte Gefühlin.

O und der Frühling begriffe –, da ist keine Stelle,
die nicht trüge den Ton der Verkündigung. Erst jenen
                                        kleinen
fragenden Auflaut, den, mit steigernder Stille,
weithin umschweigt ein reiner bejahender Tag.
Dann die Stufen hinan, Ruf-Stufen hinan, zum
                                        geträumten
Tempel der Zukunft –; dann den Triller, Fontäne,
die zu dem drängenden Strahl schon das Fallen
                                        zuvornimmt
im versprechlichen Spiel .... Und vor sich, den Sommer.

Nicht nur die Morgen alle des Sommers –, nicht nur
wie sie sich wandeln in Tag und strahlen vor Anfang.
Nicht nur die Tage, die zart sind um Blumen, und oben,
um die gestalteten Bäume, stark und gewaltig.
Nicht nur die Andacht dieser entfalteten Kräfte,

161

nicht nur die Wege, nicht nur die Wiesen im Abend,
nicht nur, nach spätem Gewitter, das atmende Klarsein,
nicht nur der nahende Schlaf und ein Ahnen, abends ...
sondern die Nächte! Sondern die hohen, des Sommers,
Nächte, sondern die Sterne, die Sterne der Erde.
O einst tot sein und sie wissen unendlich,
alle die Sterne: denn wie, wie, wie sie vergessen!

Siehe, da rief ich die Liebende. Aber nicht *sie* nur
käme ... Es kämen aus schwächlichen Gräbern
Mädchen und ständen ... Denn, wie beschränk ich,
wie, den gerufenen Ruf? Die Versunkenen suchen
immer noch Erde. – Ihr Kinder, ein hiesig
einmal ergriffenes Ding gälte für viele.
Glaubt nicht, Schicksal sei mehr, als das Dichte der
                                                Kindheit;
wie überholtet ihr oft den Geliebten, atmend,
atmend nach seligem Lauf, auf nichts zu, ins Freie.

Hiersein ist herrlich. Ihr wußtet es, Mädchen, *ihr* auch,
die ihr scheinbar entbehrtet, versankt –, ihr, in den
                                                    ärgsten
Gassen der Städte, Schwärende, oder dem Abfall
Offene. Denn eine Stunde war jeder, vielleicht nicht
ganz eine Stunde, ein mit den Maßen der Zeit kaum
Meßliches zwischen zwei Weilen –, da sie ein Dasein
hatte. Alles. Die Adern voll Dasein.
Nur, wir vergessen so leicht, was der lachende Nachbar
uns nicht bestätigt oder beneidet. Sichtbar
wollen wirs heben, wo doch das sichtbarste Glück uns
erst zu erkennen sich giebt, wenn wir es innen
                                                verwandeln.

Nirgends, Geliebte, wird Welt sein, als innen. Unser
Leben geht hin mit Verwandlung. Und immer geringer
schwindet das Außen. Wo einmal ein dauerndes Haus
       war,
schlägt sich erdachtes Gebild vor, quer, zu Erdenklichem
völlig gehörig, als ständ es noch ganz im Gehirne.
Weite Speicher der Kraft schafft sich der Zeitgeist,
         gestaltlos
wie der spannende Drang, den er aus allem gewinnt.
Tempel kennt er nicht mehr. Diese, des Herzens,
         Verschwendung
sparen wir heimlicher ein. Ja, wo noch eins übersteht,
ein einst gebetetes Ding, ein gedientes, gekniees –,
hält es sich, so wie es ist, schon ins Unsichtbare hin.
Viele gewahrens nicht mehr, doch ohne den Vorteil,
daß sie's nun *innerlich* baun, mit Pfeilern und Statuen,
        größer!

Jede dumpfe Umkehr der Welt hat solche Enterbte,
denen das Frühere nicht und noch nicht das Nächste
       gehört.
Denn auch das Nächste ist weit für die Menschen.
      Uns soll
dies nicht verwirren; es stärke in uns die Bewahrung
der noch erkannten Gestalt. – Dies *stand* einmal unter
        Menschen,
mitten im Schicksal stands, im vernichtenden, mitten
im Nichtwissen-Wohin stand es, wie seiend, und bog
Sterne zu sich aus gesicherten Himmeln. Engel,
dir noch zeig ich es, *da!* in deinem Anschaun
steh es gerettet zuletzt, nun endlich aufrecht.
Säulen, Pylone, der Sphinx, das strebende Stemmen,
grau aus vergehender Stadt oder aus fremder, des Doms.

War es nicht Wunder? O staune, Engel, denn *wir* sinds,
wir, o du Großer, erzähls, daß wir solches vermochten,
                                            mein Atem
reicht für die Rühmung nicht aus. So haben wir dennoch
nicht die Räume versäumt, diese gewährenden, diese
unseren Räume. (Was müssen sie fürchterlich groß sein,
da sie Jahrtausende nicht unseres Fühlns überfülln.)
Aber ein Turm war groß, nicht wahr? O Engel,
                                            er war es, –
groß, auch noch neben dir? Chartres war groß –,
                                        und Musik
reichte noch weiter hinan und überstieg uns. Doch
                                        selbst nur
eine Liebende –, oh, allein am nächtlichen Fenster . . . .
reichte sie dir nicht ans Knie –?
                        Glaub *nicht*, daß ich werbe.
Engel, und würb ich dich auch! Du kommst nicht.
                                        Denn mein
Anruf ist immer voll Hinweg; wider so starke
Strömung kannst du nicht schreiten. Wie ein gestreckter
Arm ist mein Rufen. Und seine zum Greifen
oben offene Hand bleibt vor dir
offen, wie Abwehr und Warnung,
Unfaßlicher, weitauf.

Duineser Elegien

An Witold Hulewicz

‹ 13. 11. 1925 ›

‹…› bin *ich* es, der den Elegien die richtige Erklärung geben darf? Sie reichen unendlich über mich hinaus. Ich halte sie für eine weitere Ausgestaltung jener wesentlichen Voraussetzungen, die schon im »Stundenbuch« gegeben waren, die sich, in den beiden Teilen der »Neuen Gedichte«, des Welt-Bilds spielend und versuchend bedienen und die dann im Malte, konflikthaft zusammengezogen, ins Leben zurückschlagen und dort beinah zum Beweis führen, daß dieses so ins Bodenlose gehängte Leben unmöglich sei. In den »Elegien« wird, aus den gleichen Gegebenheiten heraus, das Leben wieder möglich, ja es erfährt hier diejenige endgültige *Bejahung*, zu der es der junge Malte, obwohl auf dem richtigen schweren Wege »des longues études«, noch nicht führen konnte. *Lebens- und Todesbejahung erweist sich als Eines in den »Elegien«.* Das eine zuzugeben ohne das andere, sei, so wird hier erfahren und gefeiert, eine schließlich alles Unendliche ausschließende Einschränkung. Der *Tod* ist die uns abgekehrte, von uns unbeschienene *Seite des Lebens:* wir müssen versuchen, das größeste Bewußtsein unseres Daseins zu leisten, das in *beiden unabgegrenzten Bereichen* zu Hause ist, *aus beiden unerschöpflich genährt* … Die wahre Lebensgestalt reicht durch *beide* Gebiete, das Blut des größesten Kreislaufs treibt durch beide: *es gibt weder ein Diesseits noch Jenseits, sondern die große Einheit,* in der die uns übertreffenden Wesen, die »Engel«, zu Hause sind. Und nun die Lage des Liebes-Problems in dieser so, um ihre größere Hälfte erweiterten, in dieser nun erst *ganzen*, nun erst *heilen* Welt. Es nimmt mich wunder, daß Ihnen die »Sonette an Orpheus«, die mindestens ebenso *»schwer«* sind, von der gleichen Essenz erfüllt, nicht hilfreicher sind zum Verständnis der »Elegien«. Diese sind 1912 (auf Duino) begonnen, in Spanien und Paris – fragmentarisch – fortgeführt bis 1914; der Krieg unterbrach diese meine größeste Arbeit vollständig; als ich 1922 (hier) diese wieder aufzunehmen wagte, kamen den neuen Elegien und ihrem Abschluß die, in wenigen Tagen, stürmisch sich auferlegenden »Sonette an Orpheus« (die *nicht* in meinem Plane waren) zuvor. Sie sind, wie das anders nicht sein kann, aus derselben »Geburt« wie die »Elegien«, und daß sie plötzlich, ohne meinen Willen, im Anschluß an ein frühverstorbenes Mädchen, aufkamen, rückt sie noch mehr an die Quelle ihres Ursprungs; dieser Anschluß ist ein Bezug mehr nach der Mitte *jenes* Reiches hin, dessen Tiefe und Einfluß wir, überall unabgegrenzt, mit den Toten und den Künftigen teilen. Wir, diese Hiesigen und Heutigen, sind nicht einen Augenblick in der Zeitwelt befriedigt, noch in sie gebunden; wir gehen immerfort über und über zu den Früheren, zu unserer Herkunft und zu denen, die scheinbar nach uns kommen. In jener größesten *»offenen«* Welt *sind* alle, man kann nicht sagen »gleichzeitig«, denn eben der Fortfall der Zeit bedingt, daß sie alle *sind*. Die Vergänglichkeit stürzt überall in ein tiefes Sein. Und so sind alle Gestaltungen des Hiesigen nicht nur zeitbegrenzt zu gebrauchen, sondern, soweit wirs vermögen, in jene überlegenen Bedeutungen einzustellen, an denen wir Teil haben. Aber *nicht im christlichen Sinne* (von dem ich mich immer leidenschaftlicher entferne), sondern, in einem rein irdischen, tief irdischen, selig irdischen Bewußtsein gilt es, das *hier* Geschaute und Berührte in den weiteren, den weitesten Umkreis einzuführen. Nicht in ein Jenseits, dessen Schatten die Erde verfinstert, sondern in ein Ganzes, *in das Ganze*. Die Natur, die Dinge unseres Umgangs und Gebrauchs, sind Vorläufigkeiten und Hinfälligkeiten; aber sie sind, solang wir hier sind, *unser* Besitz und unsere Freundschaft, Mitwisser unserer Not und Froheit, wie sie schon die Vertrauten unserer Vorfahren gewesen sind. So gilt es, alles Hiesige nicht nur nicht schlecht zu machen und herabzusetzen, sondern gerade, um seiner Vorläufigkeit willen, die es mit uns teilt, sollen diese Erscheinungen und Dinge von uns in einem innigsten Verstande begriffen und verwandelt werden. Verwandelt? Ja, denn unsere Aufgabe ist es, diese vorläufige, hinfällige Erde uns so tief, so leidend und leidenschaftlich einzuprägen, daß ihr Wesen in uns »unsichtbar« wieder aufersteht. *Wir sind die Bienen des Unsichtbaren. Nous butinons éperdument le miel du visible, pour l'accumuler dans la grande ruche d'or de l'Invisible.* Die »Elegien« zeigen uns an diesem Werke, am Werke dieser fortwährenden Umsetzungen des geliebten Sichtbaren und Greifbaren in die unsichtbare Schwingung und Erregtheit unserer Natur, die neue Schwingungszahlen einführt in die Schwingungs-Sphären des Universums. (Da die verschiedenen Stoffe im Weltall nur verschiedene Schwingungsexponenten sind, so breiten wir, in dieser Weise, nicht nur Intensitäten geistiger Art vor, sondern wer weiß, neue Körper, Metalle, Sternnebel und Gestirne.) Und diese Tätigkeit wird eigentümlich gestützt und gedrängt durch das immer raschere Hinschwinden von so vielem Sichtbaren, das nicht mehr ersetzt werden wird. Noch für unsere Großeltern war ein »Haus«, ein »Brunnen«, ein ihnen vertrauter Turm, ja ihr eigenes Kleid, ihr Mantel: unendlich mehr, unendlich vertraulicher; fast jedes Ding ein Gefäß, in dem sie Menschliches vorfanden und Menschliches hinzusparten. Nun drängen, von Amerika her, leere gleichgültige Dinge herüber, Schein-Dinge, *Lebens-Attrappen* … Ein Haus, im amerikanischen Verstande, ein amerikanischer Apfel oder eine dortige Rebe, hat *nichts* gemeinsam mit dem Haus, der Frucht, der Traube, in die Hoffnung und Nachdenklichkeit unserer Vorväter eingegangen war … Die belebten, die erlebten, die *uns mitwissenden Dinge* gehen zur Neige und können nicht mehr ersetzt werden. *Wir sind vielleicht die Letzten, die noch solche Dinge gekannt haben.* Auf uns ruht die Verantwortung, nicht allein *ihr* Andenken zu erhalten (das wäre wenig und unzuverlässig), sondern ihren humanen und larischen Wert. (»Larisch«, im Sinne der Haus-Gottheiten.) Die Erde hat keine andere Ausflucht, als unsichtbar zu werden: *in* uns, die wir mit einem Teil unseres Wesens am Unsichtbaren beteiligt sind, Anteilscheine (mindestens) haben an ihm, und unseren Besitz an Unsichtbarkeit mehren können während unseres Hierseins, – *in* uns allein kann sich diese intime und dauernde Umwandlung des Sichtbaren in Unsichtbares, vom sichtbar- und greifbarsein nicht länger Abhängiges vollziehen, wie unser eigenes Schicksal in uns fortwährend *zugleich vorhandener und unsichtbar wird*. Die *Elegien* stellen diese Norm des Daseins auf: sie versichern, sie feiern dieses Bewußtsein. Sie stellen es vorsichtig in seine Traditionen ein, indem sie uralte Überlieferungen und die Gerüchte von Überlieferungen für diese Vermutung in Anspruch nehmen und selbst im ägyptischen Totenkult ein Vorwissen solcher Bezüge heraufrufen. (Obwohl das »Klageland«, durch das die ältere »Klage« den jungen Toten führt, *nicht* Ägypten *gleichzusetzen* ist, sondern nur, gewissermaßen, eine Spiegelung des Nillandes in die Wüstenklarheit des Toten-Bewußtseins.) Wenn man den Fehler begeht, *katholische* Begriffe des Todes, des Jenseits und der Ewigkeit an die Elegien oder Sonette zu halten, so entfernt man sich völlig von ihrem Ausgang und bereitet sich ein immer gründlicheres Mißverstehen vor. Der »Engel« der Elegien hat nichts mit dem Engel des christlichen Himmels zu tun (eher mit den Engelgestalten des Islam) ... Der Engel der *Elegien* ist dasjenige Geschöpf, in dem die Verwandlung des Sichtbaren in Unsichtbares, die wir leisten, schon vollzogen erscheint. Für den Engel der Elegien sind alle vergangenen Türme und Paläste existent, *weil* längst unsichtbar, und die noch bestehenden Türme und Brücken unseres Daseins *schon* unsichtbar, obwohl noch (für uns) körperhaft dauernd. Der Engel der Elegien ist dasjenige Wesen, das dafür einsteht, im Unsichtbaren einen höheren Rang der Realität zu erkennen. – Daher »schrecklich« für uns, weil wir, seine Liebenden und Verwandler, doch noch am Sichtbaren hängen. – Alle Welten des Universums stürzen sich ins Unsichtbare, als in ihre nächst-tiefere Wirklichkeit; *einige Sterne steigern sich unmittelbar und vergehen im unendlichen Bewußtsein der Engel –, andere sind auf langsam und mühsam sie verwandelnde Wesen angewiesen, in deren Schrecken und Entzücken sie ihre nächste unsichtbare Verwirklichung erreichen. Wir sind*, noch einmal sei's betont, *im Sinne der Elegien, sind wir diese Verwandler der Erde, unser ganzes Dasein, die Flüge und Stürze unserer Liebe, alles befähigt uns zu dieser Aufgabe* (neben der keine andere, wesentlich, besteht). (Die Sonette zeigen Einzelheiten aus dieser Tätigkeit, die hier unter den Namen und Schutz eines verstorbenen Mädchens gestellt erscheint, deren Unvollendung und Unschuld die Grabtür offen hält, so daß sie, hingegangen, zu jenen Mächten gehört, die die Hälfte des Lebens frisch erhalten und offen nach der anderen wundoffenen Hälfte zu.) Elegien und Sonette unterstützen einander beständig –, und ich sehe eine unendliche Gnade darin, daß ich, mit dem gleichen Atem, diese beiden Segel füllen durfte: das kleine rostfarbene Segel der Sonette und der Elegien riesiges weißes Segel-Tuch.

Die neunte Elegie

Warum, wenn es angeht, also die Frist des Daseins
hinzubringen, als Lorbeer, ein wenig dunkler als alles
andere Grün, mit kleinen Wellen an jedem
Blattrand (wie eines Windes Lächeln) –: warum dann
Menschliches müssen – und, Schicksal vermeidend,
sich sehnen nach Schicksal? ...

                              Oh, *nicht*, weil Glück *ist*,
dieser voreilige Vorteil eines nahen Verlusts.
Nicht aus Neugier, oder zur Übung des Herzens,
das auch im Lorbeer *wäre* .....

Aber weil Hiersein viel ist, und weil uns scheinbar
alles das Hiesige braucht, dieses Schwindende, das
seltsam uns angeht. Uns, die Schwindendsten. *Ein* Mal
jedes, nur *ein* Mal. *Ein* Mal und nichtmehr. Und wir auch
ein Mal. Nie wieder. Aber dieses
ein Mal gewesen zu sein, wenn auch nur *ein* Mal:
irdisch gewesen zu sein, scheint nicht widerrufbar.

Und so drängen wir uns und wollen es leisten,
wollens enthalten in unsern einfachen Händen,
im überfüllteren Blick und im sprachlosen Herzen.
Wollen es werden. – Wem es geben? Am liebsten
alles behalten für immer ... Ach, in den andern Bezug,
wehe, was nimmt man hinüber? Nicht das Anschaun,
                              das hier
langsam erlernte, und kein hier Ereignetes. Keins.
Also die Schmerzen. Also vor allem das Schwersein,
also der Liebe lange Erfahrung, – also
lauter Unsägliches. Aber später,
unter den Sternen, was solls: *die* sind *besser* unsäglich.
Bringt doch der Wanderer auch vom Hange des
                              Bergrands

nicht eine Hand voll Erde ins Tal, die Allen unsägliche,
                              sondern
ein erworbenes Wort, reines, den gelben und blaun
Enzian. Sind wir vielleicht *hier*, um zu sagen: Haus,
Brücke, Brunnen, Tor, Krug, Obstbaum, Fenster, –
höchstens: Säule, Turm .... aber zu *sagen*, verstehs,
oh zu sagen *so*, wie selber die Dinge niemals
innig meinten zu sein. Ist nicht die heimliche List
dieser verschwiegenen Erde, wenn sie die Liebenden
                              drängt,
daß sich in ihrem Gefühl jedes und jedes entzückt?
Schwelle: was ists für zwei
Liebende, daß sie die eigne ältere Schwelle der Tür
ein wenig verbrauchen, auch sie, nach den vielen vorher
und vor den Künftigen ...., leicht.

Hier ist des *Säglichen* Zeit, *hier* seine Heimat.
Sprich und bekenn. Mehr als je
fallen die Dinge dahin, die erlebbaren, denn,
was sie verdrängend ersetzt, ist ein Tun ohne Bild.
Tun unter Krusten, die willig zerspringen, sobald
innen das Handeln entwächst und sich anders begrenzt.
Zwischen den Hämmern besteht
unser Herz, wie die Zunge
zwischen den Zähnen, die doch,
dennoch, die preisende bleibt.

Preise dem Engel die Welt, nicht die unsägliche, *ihm*
kannst du nicht großtun mit herrlich Erfühltem;
                              im Weltall,
wo er fühlender fühlt, bist du ein Neuling. Drum zeig
ihm das Einfache, das, von Geschlecht zu Geschlechtern
                              gestaltet,
als ein Unsriges lebt, neben der Hand und im Blick.
Sag ihm die Dinge. Er wird staunender stehn;
                              wie du standest

bei dem Seiler in Rom, oder beim Töpfer am Nil.
Zeig ihm, wie glücklich ein Ding sein kann, wie
                          schuldlos und unser,
wie selbst das klagende Leid rein zur Gestalt sich
                        entschließt,
dient als ein Ding, oder stirbt in ein Ding –, und jenseits
selig der Geige entgeht. – Und diese, von Hingang
lebenden Dinge verstehn, daß du sie rühmst;
                        vergänglich,
traun sie ein Rettendes uns, den Vergänglichsten, zu.
Wollen, wir sollen sie ganz im unsichtbarn Herzen
                        verwandeln
in – o unendlich – in uns! Wer wir am Ende auch seien.

Erde, ist es nicht dies, was du willst: *unsichtbar*
in uns erstehn? – Ist es dein Traum nicht,
einmal unsichtbar zu sein? – Erde! unsichtbar!
Was, wenn Verwandlung nicht, ist dein drängender
                        Auftrag?
Erde, du liebe, ich will. Oh glaub, es bedürfte
nicht deiner Frühlinge mehr, mich dir zu gewinnen –,
                        einer,
ach, ein einziger ist schon dem Blute zu viel.
Namenlos bin ich zu dir entschlossen, von weit her.
Immer warst du im Recht, und dein heiliger Einfall
ist der vertrauliche Tod.

Siehe, ich lebe. Woraus? Weder Kindheit noch Zukunft
werden weniger ..... Überzähliges Dasein
entspringt mir im Herzen.

Duineser Elegien

Neigung: wahrhaftes Wort! Daß wir *jede* empfänden,
nicht nur die neuste, die uns ein Herz noch verschweigt;
wo sich ein Hügel langsam, mit sanften Geländen
zu der empfänglichen Wiese neigt,
sei es nicht weniger *unser*, sei uns vermehrlich;
oder des Vogels reichlicher Flug
schenke uns Herzraum, mache uns Zukunft entbehrlich.
Alles ist Überfluß. Denn genug
war es schon damals, als uns die Kindheit bestürzte
mit unendlichem Dasein. Damals schon
war es zuviel. Wie könnten wir jemals Verkürzte
oder Betrogene sein: wir mit jeglichem Lohn
längst Überlohnten ...
. . . .

Nein, ich vergesse dich nicht,
was ich auch werde,
liebliches zeitiges Licht,
Erstling der Erde.

Alles, was du versprachst,
hat sie gehalten,
seit du das Herz mir erbrachst
ohne Gewalten.

Flüchtigste frühste Figur,
die ich gewahrte:
nur weil ich Stärke erfuhr,
rühm ich das Zarte.

‹Entwürfe aus zwei Winterabenden›

174

Auch noch Verlieren ist *unser*

Der Tod ist groß.
Wir sind die Seinen
lachenden Munds.
Wenn wir uns mitten im Leben meinen,
wagt er zu weinen
mitten in uns.

Das Buch der Bilder

In der Militärschule zu Sankt Severin. Turnsaal. Der Jahrgang steht in den hellen Zwillichblusen, in zwei Reihen geordnet, unter den großen Gaskronen. Der Turnlehrer, ein junger Offizier mit hartem braunen Gesicht und höhnischen Augen, hat Freiübungen kommandiert und verteilt nun die Riegen. »Erste Riege Reck, zweite Riege Barren, dritte Riege Bock, vierte Riege Klettern! Abtreten!« Und rasch, auf den leichten, mit Kolophonium isolierten Schuhen, zerstreuen sich die Knaben. Einige bleiben mitten im Saale stehen, zögernd, gleichsam unwillig. Es ist die vierte Riege, die schlechten Turner, die keine Freude haben an der Bewegung bei den Geräten und schon müde sind von den zwanzig Kniebeugen und ein wenig verwirrt und atemlos.

Nur Einer, der sonst der Allerletzte blieb bei solchen Anlässen, Karl Gruber, steht schon an den Kletterstangen, die in einer etwas dämmerigen Ecke des Saales, hart vor den Nischen, in denen die abgelegten Uniformröcke hängen, angebracht sind. Er hat die nächste Stange erfaßt und zieht sie mit ungewöhnlicher Kraft nach vorn, so daß sie frei an dem zur Übung geeigneten Platze schwankt. Gruber läßt nicht einmal die Hände von ihr, er springt auf und bleibt, ziemlich hoch, die Beine ganz unwillkürlich im Kletterschluß verschränkt, den er sonst niemals begreifen konnte, an der Stange hängen. So erwartet er die Riege und betrachtet – wie es scheint – mit besonderem Vergnügen den erstaunten Ärger des kleinen polnischen Unteroffiziers, der ihm zuruft, abzuspringen. Aber Gruber ist diesmal sogar ungehorsam und Jastersky, der blonde Unteroffizier, schreit endlich: »Also, entweder Sie kommen herunter oder Sie klettern hinauf, Gruber! Sonst melde ich dem Herrn Oberlieutenant ...« Und da beginnt Gruber, zu klettern, erst heftig mit Überstürzung, die Beine wenig aufziehend und die Blicke aufwärts gerichtet, mit einer gewissen

Angst das unermeßliche Stück Stange abschätzend, das noch bevorsteht. Dann verlangsamt sich seine Bewegung; und als ob er jeden Griff genösse, wie etwas Neues, Angenehmes, zieht er sich höher, als man gewöhnlich zu klettern pflegt. Er beachtet nicht die Aufregung des ohnehin gereizten Unteroffiziers, klettert und klettert, die Blicke immerfort aufwärts gerichtet, als hätte er einen Ausweg in der Decke des Saales entdeckt und strebte danach, ihn zu erreichen. Die ganze Riege folgt ihm mit den Augen. Und auch aus den anderen Riegen richtet man schon da und dort die Aufmerksamkeit auf den Kletterer, der sonst kaum das erste Dritteil der Stange keuchend, mit rotem Gesicht und bösen Augen erklomm. »Bravo, Gruber!« ruft jemand aus der ersten Riege herüber. Da wenden viele ihre Blicke aufwärts, und es wird eine Weile still im Saal, – aber gerade in diesem Augenblick, da alle Blicke an der Gestalt Grubers hängen, macht er hoch oben unter der Decke eine Bewegung, als wollte er sie abschütteln; und da ihm Das offenbar nicht gelingt, bindet er alle diese Blicke oben an den nackten eisernen Haken und saust die glatte Stange herunter, so daß alle immer noch hinaufsehen, als er schon längst, schwindelnd und heiß, unten steht und mit seltsam glanzlosen Augen in seine glühenden Handflächen schaut. Da fragt ihn der eine oder der andere der ihm zunächst stehenden Kameraden, was denn heute in ihn gefahren sei. »Willst wohl in die erste Riege kommen?« Gruber lacht und scheint etwas antworten zu wollen, aber er überlegt es sich und senkt schnell die Augen. Und dann, als das Geräusch und Getöse wieder seinen Fortgang hat, zieht er sich leise in die Nische zurück, setzt sich nieder, schaut ängstlich um sich und holt Atem, zweimal rasch, und lacht wieder und will was sagen … aber schon achtet niemand mehr seiner. Nur Jerome, der auch in der vierten Riege ist, sieht, daß er wieder seine Hände betrachtet, ganz darüber gebückt wie einer, der bei wenig Licht einen Brief entziffern will. Und er tritt nach einer Weile zu ihm hin

und fragt: »Hast du dir weh getan?« Gruber erschrickt.
»Was?« macht er mit seiner gewöhnlichen, in Speichel watenden Stimme. »Zeig mal!« Jerome nimmt die eine Hand
Grubers und neigt sie gegen das Licht. Sie ist am Ballen ein
wenig abgeschürft. »Weißt du, ich habe etwas dafür«, sagt
Jerome, der immer Englisches Pflaster von zu Hause geschickt bekommt, »komm dann nachher zu mir.« Aber es
ist, als hätte Gruber nicht gehört; er schaut geradeaus in
den Saal hinein, aber so, als sähe er etwas Unbestimmtes,
vielleicht nicht im Saal, draußen vielleicht, vor den Fenstern, obwohl es dunkel ist, spät und Herbst.
In diesem Augenblick schreit der Unteroffizier in seiner
hochfahrenden Art: »Gruber!« Gruber bleibt unverändert,
nur seine Füße, die vor ihm ausgestreckt sind, gleiten, steif
und ungeschickt, ein wenig auf dem glatten Parkett vorwärts. »Gruber!« brüllt der Unteroffizier und die Stimme
schlägt ihm über. Dann wartet er eine Weile und sagt rasch
und heiser, ohne den Gerufenen anzusehen: »Sie melden
sich nach der Stunde. Ich werde Ihnen schon . . .« Und die
Stunde geht weiter. »Gruber«, sagt Jerome und neigt sich
zu dem Kameraden, der sich immer tiefer in die Nische
zurücklehnt, »es war schon wieder an dir, zu klettern, auf
dem Strick, geh mal, versuchs, sonst macht dir der Jastersky irgend eine Geschichte, weißt du . . .« Gruber nickt.
Aber statt aufzustehen, schließt er plötzlich die Augen und
gleitet unter den Worten Jeromes durch, als ob eine Welle
ihn trüge, fort, gleitet langsam und lautlos tiefer, tiefer,
gleitet vom Sitz, und Jerome weiß erst, was geschieht, als
er hört, wie der Kopf Grubers hart an das Holz des Sitzes
prallt und dann vornüberfällt . . . »Gruber!« ruft er heiser.
Erst merkt es niemand. Und Jerome steht ratlos mit hängenden Händen und ruft: »Gruber, Gruber!« Es fällt ihm
nicht ein, den anderen aufzurichten. Da erhält er einen
Stoß, jemand sagt ihm: »Schaf«, ein anderer schiebt ihn
fort, und er sieht, wie sie den Reglosen aufheben. Sie tragen ihn vorbei, irgend wohin, wahrscheinlich in die Kam-

mer nebenan. Der Oberleutnant springt herzu. Er giebt mit harter, lauter Stimme sehr kurze Befehle. Sein Kommando schneidet das Summen der vielen schwatzenden Knaben scharf ab. Stille. Man sieht nur da und dort noch Bewegungen, ein Ausschwingen am Gerät, einen leisen Absprung, ein verspätetes Lachen von einem, der nicht weiß, um was es sich handelt. Dann hastige Fragen: »Was? Was? Wer? Der Gruber? Wo?« Und immer mehr Fragen. Dann sagt jemand laut: »Ohnmächtig.« Und der Zugführer Jastersky läuft mit rotem Kopf hinter dem Oberleutnant her und schreit mit seiner boshaften Stimme, zitternd vor Wut: »Ein Simulant, Herr Oberleutnant, ein Simulant!« Der Oberleutnant beachtet ihn gar nicht. Er sieht geradeaus, nagt an seinem Schnurrbart, wodurch das harte Kinn noch eckiger und energischer vortritt, und giebt von Zeit zu Zeit eine knappe Weisung. Vier Zöglinge, die Gruber tragen, und der Oberleutnant verschwinden in der Kammer. Gleich darauf kommen die vier Zöglinge zurück. Ein Diener läuft durch den Saal. Die vier werden groß angeschaut und mit Fragen bedrängt: »Wie sieht er aus? Was ist mit ihm? Ist er schon zu sich gekommen?« Keiner von ihnen weiß eigentlich was. Und da ruft auch schon der Oberleutnant herein, das Turnen möge weitergehen, und übergiebt dem Feldwebel Goldstein das Kommando. Also wird wieder geturnt, beim Barren, beim Reck, und die kleinen dicken Leute der dritten Riege kriechen mit weitgekretschten Beinen über den hohen Bock. Aber doch sind alle Bewegungen anders als vorher; als hätte ein Horchen sich über sie gelegt. Die Schwingungen am Reck brechen so plötzlich ab und am Barren werden nur lauter kleine Übungen gemacht. Die Stimmen sind weniger verworren und ihre Summe summt feiner, als ob alle immer nur ein Wort sagten: »*Ess, Ess, Ess* …« Der kleine schlaue Krix horcht inzwischen an der Kammertür. Der Unteroffizier der zweiten Riege jagt ihn davon, indem er zu einem Schlage auf seinen Hintern ausholt. Krix springt zurück, katzenhaft, mit hinterlistig blitzenden Augen. Er weiß schon genug. Und nach einer Weile, als ihn niemand betrachtet, giebt er dem Pawlowitsch weiter: »Der Regimentsarzt ist gekommen.« Nun, man kennt ja den Pawlowitsch; mit seiner ganzen Frechheit geht er, als hätte ihm irgendwer einen Befehl gegeben, quer durch den Saal von Riege zu Riege und sagt ziemlich laut: »Der Regimentsarzt ist drin.« Und es scheint, auch die Unteroffiziere interessieren sich für diese Nachricht. Immer häufiger wenden sich die Blicke nach der Tür, immer langsamer werden die Übungen; und ein Kleiner mit schwarzen Augen ist oben auf dem Bock hocken geblieben und starrt mit offenem Mund nach der Kammer. Etwas Lähmendes scheint in der Luft zu liegen. Die Stärksten bei der ersten Riege machen zwar noch einige Anstrengungen, gehen dagegen an, kreisen mit den Beinen; und Pombert, der kräftige Tiroler, biegt seinen Arm und betrachtet seine Muskeln, die sich durch den Zwillich hindurch breit und straff ausprägen. Ja, der kleine, gelenkige Baum schlägt sogar noch einige Armwellen, – und plötzlich ist diese heftige Bewegung die einzige im ganzen Saal, ein großer flimmernder Kreis, der etwas Unheimliches hat inmitten der allgemeinen Ruhe. Und mit einem Ruck bringt sich der kleine Mensch zum Stehen, läßt sich einfach unwillig in die Knie fallen und macht ein Gesicht, als ob er alle verachte. Aber auch seine kleinen stumpfen Augen bleiben schließlich an der Kammertür hängen.

Jetzt hört man das Singen der Gasflammen und das Gehen der Wanduhr. Und dann schnarrt die Glocke, die das Stundenzeichen giebt. Fremd und eigentümlich ist heute ihr Ton; sie hört auch ganz unvermittelt auf, unterbricht sich mitten im Wort. Feldwebel Goldstein aber kennt seine Pflicht. Er ruft: »Antreten!« Kein Mensch hört ihn. Keiner kann sich erinnern, welchen Sinn dieses Wort besaß, – vorher. Wann vorher? »Antreten!« krächzt der Feldwebel böse und gleich schreien jetzt die anderen Unteroffiziere ihm nach: »Antreten!« Und auch mancher von den Zöglingen sagt wie zu sich selbst, wie im Schlaf: »Antreten! Antreten!« Aber im Grunde wissen alle, daß sie noch etwas abwarten müssen. Und da geht auch schon die Kammertür auf; eine Weile nichts; dann tritt Oberleutnant Wehl heraus und seine Augen sind groß und zornig und seine Schritte fest. Er marschiert wie beim Defilieren und sagt heiser: »Antreten!« Mit unbeschreiblicher Geschwindigkeit findet sich alles in Reihe und Glied. Keiner rührt sich. Als wenn ein Feldzeugmeister da wäre. Und jetzt das Kommando: »Achtung!« Pause und dann, trocken und hart: »Euer Kamerad Gruber ist soeben gestorben. Herzschlag. Abmarsch!« Pause.

Und erst nach einer Weile die Stimme des diensttuenden Zöglings, klein und leise: »Links um! Marschieren: Compagnie, Marsch!« Ohne Schritt und langsam wendet sich der Jahrgang zur Tür. Jerome als der letzte. Keiner sieht sich um. Die Luft aus dem Gang kommt, kalt und dumpfig, den Knaben entgegen. Einer meint, es rieche nach Karbol. Pombert macht laut einen gemeinen Witz in Bezug auf den Gestank.

Niemand lacht. Jerome fühlt sich plötzlich am Arm gefaßt, so angesprungen. Krix hängt daran. Seine Augen glänzen und seine Zähne schimmern, als ob er beißen wollte. »Ich hab ihn gesehen«, flüstert er atemlos und preßt Jeromes Arm und ein Lachen ist innen in ihm und rüttelt ihn hin und her. Er kann kaum weiter: »Ganz nackt ist er und eingefallen und ganz lang. Und an den Fußsohlen ist er versiegelt ...«

Und dann kichert er, spitz und kitzlich, kichert und beißt sich in den Ärmel Jeromes hinein.

Orpheus. Eurydike. Hermes

Das war der Seelen wunderliches Bergwerk.
Wie stille Silbererze gingen sie
als Adern durch sein Dunkel. Zwischen Wurzeln
entsprang das Blut, das fortgeht zu den Menschen,
und schwer wie Porphyr sah es aus im Dunkel.
Sonst war nichts Rotes.

Felsen waren da
und wesenlose Wälder. Brücken über Leeres
und jener große graue blinde Teich,
der über seinem fernen Grunde hing
wie Regenhimmel über einer Landschaft.
Und zwischen Wiesen, sanft und voller Langmut,
erschien des einen Weges blasser Streifen,
wie eine lange Bleiche hingelegt.

Und dieses einen Weges kamen sie.

Voran der schlanke Mann im blauen Mantel,
der stumm und ungeduldig vor sich aussah.
Ohne zu kauen fraß sein Schritt den Weg
in großen Bissen; seine Hände hingen
schwer und verschlossen aus dem Fall der Falten
und wußten nicht mehr von der leichten Leier,
die in die Linke eingewachsen war
wie Rosenranken in den Ast des Ölbaums.
Und seine Sinne waren wie entzweit:
indes der Blick ihm wie ein Hund vorauslief,
umkehrte, kam und immer wieder weit
und wartend an der nächsten Wendung stand, –
blieb sein Gehör wie ein Geruch zurück.
Manchmal erschien es ihm als reichte es
bis an das Gehen jener beiden andern,
die folgen sollten diesen ganzen Aufstieg.

Dann wieder wars nur seines Steigens Nachklang
und seines Mantels Wind was hinter ihm war.
Er aber sagte sich, sie kämen doch;
sagte es laut und hörte sich verhallen.
Sie kämen doch, nur wärens zwei
die furchtbar leise gingen. Dürfte er
sich einmal wenden (wäre das Zurückschaun
nicht die Zersetzung dieses ganzen Werkes,
das erst vollbracht wird), müßte er sie sehen,
die beiden Leisen, die ihm schweigend nachgehn:

Den Gott des Ganges und der weiten Botschaft,
die Reisehaube über hellen Augen,
den schlanken Stab hertragend vor dem Leibe
und flügelschlagend an den Fußgelenken;
und seiner linken Hand gegeben: *sie*.

Die So-geliebte, daß aus einer Leier
mehr Klage kam als je aus Klagefrauen;
daß eine Welt aus Klage ward, in der
alles noch einmal da war: Wald und Tal
und Weg und Ortschaft, Feld und Fluß und Tier;
und daß um diese Klage-Welt, ganz so
wie um die andre Erde, eine Sonne
und ein gestirnter stiller Himmel ging,
ein Klage-Himmel mit entstellten Sternen –:
Diese So-geliebte.

Sie aber ging an jenes Gottes Hand,
den Schritt beschränkt von langen Leichenbändern,
unsicher, sanft und ohne Ungeduld.
Sie war in sich, wie Eine hoher Hoffnung,
und dachte nicht des Mannes, der voranging,
und nicht des Weges, der ins Leben aufstieg.
Sie war in sich. Und ihr Gestorbensein
erfüllte sie wie Fülle.
Wie eine Frucht von Süßigkeit und Dunkel

so war sie voll von ihrem großen Tode,
der also neu war, daß sie nichts begriff.

Sie war in einem neuen Mädchentum
und unberührbar, ihr Geschlecht war zu
wie eine junge Blume gegen Abend,
und ihre Hände waren der Vermählung
so sehr entwöhnt, daß selbst des leichten Gottes
unendlich leise, leitende Berührung
sie kränkte wie zu sehr Vertraulichkeit.

Sie war schon nicht mehr diese blonde Frau,
die in des Dichters Liedern manchmal anklang,
nicht mehr des breiten Bettes Duft und Eiland
und jenes Mannes Eigentum nicht mehr.

Sie war schon aufgelöst wie langes Haar
und hingegeben wie gefallner Regen
und ausgeteilt wie hundertfacher Vorrat.

Sie war schon Wurzel.

Und als plötzlich jäh
der Gott sie anhielt und mit Schmerz im Ausruf
die Worte sprach: Er hat sich umgewendet –,
begriff sie nichts und sagte leise: *Wer?*

Fern aber, dunkel vor dem klaren Ausgang,
stand irgend jemand, dessen Angesicht
nicht zu erkennen war. Er stand und sah,
wie auf dem Streifen eines Wiesenpfades
mit trauervollem Blick der Gott der Botschaft
sich schweigend wandte, der Gestalt zu folgen,
die schon zurückging dieses selben Weges,
den Schritt beschränkt von langen Leichenbändern,
unsicher, sanft und ohne Ungeduld.

Neue Gedichte

Todes-Erfahrung

Wir wissen nichts von diesem Hingehn, das
nicht mit uns teilt. Wir haben keinen Grund,
Bewunderung und Liebe oder Haß
dem Tod zu zeigen, den ein Maskenmund

tragischer Klage wunderlich entstellt.
Noch ist die Welt voll Rollen, die wir spielen.
Solang wir sorgen, ob wir auch gefielen,
spielt auch der Tod, obwohl er nicht gefällt.

Doch als du gingst, da brach in diese Bühne
ein Streifen Wirklichkeit durch jenen Spalt
durch den du hingingst: Grün wirklicher Grüne,
wirklicher Sonnenschein, wirklicher Wald.

Wir spielen weiter. Bang und schwer Erlerntes
hersagend und Gebärden dann und wann
aufhebend; aber dein von uns entferntes,
aus unserm Stück entrücktes Dasein kann

uns manchmal überkommen, wie ein Wissen
von jener Wirklichkeit sich niedersenkend,
so daß wir eine Weile hingerissen
das Leben spielen, nicht an Beifall denkend.

Neue Gedichte

Der Tod der Geliebten

Er wußte nur vom Tod was alle wissen:
daß er uns nimmt und in das Stumme stößt.
Als aber sie, nicht von ihm fortgerissen,
nein, leis aus seinen Augen ausgelöst,

hinüberglitt zu unbekannten Schatten,
und als er fühlte, daß sie drüben nun
wie einen Mond ihr Mädchenlächeln hatten
und ihre Weise wohlzutun:

da wurden ihm die Toten so bekannt,
als wäre er durch sie mit einem jeden
ganz nah verwandt; er ließ die andern reden

und glaubte nicht und nannte jenes Land
das gutgelegene, das immersüße –
Und tastete es ab für ihre Füße

Der Neuen Gedichte anderer Teil

Der Tod des Kammerherrn

Wenn ich nach Hause denke, wo nun niemand mehr ist, dann glaube ich, das muß früher anders gewesen sein. Früher wußte man (oder vielleicht man ahnte es), daß man den Tod *in* sich hatte wie die Frucht den Kern. Die Kinder hatten einen kleinen in sich und die Erwachsenen einen großen. Die Frauen hatten ihn im Schoß und die Männer in der Brust. Den *hatte* man, und das gab einem eine eigentümliche Würde und einen stillen Stolz.

Meinem Großvater noch, dem alten Kammerherrn Brigge, sah man es an, daß er einen Tod in sich trug. Und was war das für einer: zwei Monate lang und so laut, daß man ihn hörte bis aufs Vorwerk hinaus.

Das lange, alte Herrenhaus war zu klein für diesen Tod, es schien, als müßte man Flügel anbauen, denn der Körper des Kammerherrn wurde immer größer, und er wollte fortwährend aus einem Raum in den anderen getragen sein und geriet in fürchterlichen Zorn, wenn der Tag noch nicht zu Ende war und es gab kein Zimmer mehr, in dem er nicht schon gelegen hatte. Dann ging es mit dem ganzen Zuge von Dienern, Jungfern und Hunden, die er immer um sich hatte, die Treppe hinauf und, unter Vorantritt des Haushofmeisters, in seiner hochseligen Mutter Sterbezimmer, das ganz in dem Zustande, in dem sie es vor dreiundzwanzig Jahren verlassen hatte, erhalten worden war und das sonst nie jemand betreten durfte. Jetzt brach die ganze Meute dort ein. Die Vorhänge wurden zurückgezogen, und das robuste Licht eines Sommernachmittags untersuchte alle die scheuen, erschrockenen Gegenstände und drehte sich ungeschickt um in den aufgerissenen Spiegeln. Und die Leute machten es ebenso. Es gab da Zofen, die vor Neugierde nicht wußten, wo ihre Hände sich gerade aufhielten, junge Bediente, die alles anglotzten, und ältere Dienstleute, die herumgingen und sich zu erinnern suchten, was man ihnen von diesem verschlossenen Zimmer, in dem sie sich nun glücklich befanden, alles erzählt hatte.

Vor allem aber schien den Hunden der Aufenthalt in einem Raum, wo alle Dinge rochen, ungemein anregend. Die großen, schmalen russischen Windhunde liefen beschäftigt hinter den Lehnstühlen hin und her, durchquerten in langem Tanzschritt mit wiegender Bewegung das Gemach, hoben sich wie Wappenhunde auf und schauten, die schmalen Pfoten auf das weißgoldene Fensterbrett gestützt, mit spitzem, gespanntem Gesicht und zurückgezogener Stirn nach rechts und nach links in den Hof. Kleine, handschuhgelbe Dachshunde saßen, mit Gesichtern, als wäre alles ganz in der Ordnung, in dem breiten, seidenen Polstersessel am Fenster, und ein stichelhaariger, mürrisch aussehender Hühnerhund rieb seinen Rücken an der Kante eines goldbeinigen Tisches, auf dessen gemalter Platte die Sèvrestassen zitterten.

Ja, es war für diese geistesabwesenden, verschlafenen Dinge eine schreckliche Zeit. Es passierte, daß aus Büchern, die irgend eine hastige Hand ungeschickt geöffnet hatte, Rosenblätter heraustaumelten, die zertreten wurden; kleine, schwächliche Gegenstände wurden ergriffen und, nachdem sie sofort zerbrochen waren, schnell wieder hingelegt, manches Verbogene auch unter Vorhänge gesteckt oder gar hinter das goldene Netz des Kamingitters geworfen. Und von Zeit zu Zeit fiel etwas, fiel verhüllt auf Teppich, fiel hell auf das harte Parkett, aber es zerschlug da und dort, zersprang scharf oder brach fast lautlos auf, denn diese Dinge, verwöhnt wie sie waren, vertrugen keinerlei Fall.

Und wäre es jemandem eingefallen zu fragen, was die Ursache von alledem sei, was über dieses ängstlich gehütete Zimmer alles Untergangs Fülle herabgerufen habe, – so hätte es nur *eine* Antwort gegeben: der Tod.

Der Tod des Kammerherrn Christoph Detlev Brigge auf Ulsgaard. Denn dieser lag, groß über seine dunkelblaue

Uniform hinausquellend, mitten auf dem Fußboden und rührte sich nicht. In seinem großen, fremden, niemandem mehr bekannten Gesicht waren die Augen zugefallen: er sah nicht, was geschah. Man hatte zuerst versucht, ihn auf das Bett zu legen, aber er hatte sich dagegen gewehrt, denn er haßte Betten seit jenen ersten Nächten, in denen seine Krankheit gewachsen war. Auch hatte sich das Bett da oben als zu klein erwiesen, und da war nichts anderes übrig geblieben, als ihn so auf den Teppich zu legen; denn hinunter hatte er nicht gewollt.

Da lag er nun, und man konnte denken, daß er gestorben sei. Die Hunde hatten sich, da es langsam zu dämmern begann, einer nach dem anderen durch die Türspalte gezogen, nur der Harthaarige mit dem mürrischen Gesicht saß bei seinem Herrn, und eine von seinen breiten, zottigen Vorderpfoten lag auf Christoph Detlevs großer, grauer Hand. Auch von der Dienerschaft standen jetzt die meisten draußen in dem weißen Gang, der heller war als das Zimmer; die aber, welche noch drinnen geblieben waren, sahen manchmal heimlich nach dem großen, dunkelnden Haufen in der Mitte, und sie wünschten, daß das nichts mehr wäre als ein großer Anzug über einem verdorbenen Ding.

Aber es war noch etwas. Es war eine Stimme, die Stimme, die noch vor sieben Wochen niemand gekannt hatte: denn es war nicht die Stimme des Kammerherrn. Nicht Christoph Detlev war es, welchem diese Stimme gehörte, es war Christoph Detlevs Tod.

Christoph Detlevs Tod lebte nun schon seit vielen, vielen Tagen auf Ulsgaard und redete mit allen und verlangte. Verlangte, getragen zu werden, verlangte das blaue Zimmer, verlangte den kleinen Salon, verlangte den Saal. Verlangte die Hunde, verlangte, daß man lache, spreche, spiele und still sei und alles zugleich. Verlangte Freunde zu sehen, Frauen und Verstorbene, und verlangte selber zu sterben: verlangte. Verlangte und schrie.

Denn, wenn die Nacht gekommen war und die von den übermüden Dienstleuten, welche nicht Wache hatten, einzuschlafen versuchten, dann schrie Christoph Detlevs Tod, schrie und stöhnte, brüllte so lange und anhaltend, daß die Hunde, die zuerst mitheulten, verstummten und nicht wagten sich hinzulegen und, auf ihren langen, schlanken, zitternden Beinen stehend, sich fürchteten. Und wenn sie es durch die weite, silberne, dänische Sommernacht im Dorfe hörten, daß er brüllte, so standen sie auf wie beim Gewitter, kleideten sich an und blieben ohne ein Wort um die Lampe sitzen, bis es vorüber war. Und die Frauen, welche nahe vor dem Niederkommen waren, wurden in die entlegensten Stuben gelegt und in die dichtesten Bettverschläge; aber sie hörten es, sie hörten es, als ob es in ihrem eigenen Leibe wäre, und sie flehten, auch aufstehen zu dürfen, und kamen, weiß und weit, und setzten sich zu den andern mit ihren verwischten Gesichtern. Und die Kühe, welche kalbten in dieser Zeit, waren hülflos und verschlossen, und einer riß man die tote Frucht mit allen Eingeweiden aus dem Leibe, als sie gar nicht kommen wollte. Und alle taten ihr Tagwerk schlecht und vergaßen das Heu hereinzubringen, weil sie sich bei Tage ängstigten vor der Nacht und weil sie vom vielen Wachsein und vom erschreckten Aufstehen so ermattet waren, daß sie sich auf nichts besinnen konnten. Und wenn sie am Sonntag in die weiße, friedliche Kirche gingen, so beteten sie, es möge keinen Herrn mehr auf Ulsgaard geben: denn dieser war ein schrecklicher Herr. Und was sie alle dachten und beteten, das sagte der Pfarrer laut von der Kanzel herab, denn auch er hatte keine Nächte mehr und konnte Gott nicht begreifen. Und die Glocke sagte es, die einen furchtbaren Rivalen bekommen hatte, der die ganze Nacht dröhnte und gegen den sie, selbst wenn sie aus allem Metall zu läuten begann, nichts vermochte. Ja, alle sagten es, und es gab einen unter den jungen Leuten, der geträumt hatte, er wäre ins Schloß gegangen und hätte den gnädigen Herrn erschlagen mit seiner Mistforke, und so aufgebracht war man, so zu Ende, so überreizt, daß alle zuhörten, als er seinen Traum erzählte, und ihn, ganz ohne es zu wissen, daraufhin ansahen, ob er solcher Tat wohl gewachsen sei. So fühlte und sprach man in der ganzen Gegend, in der man den Kammerherrn noch vor einigen Wochen geliebt und bedauert hatte. Aber obwohl man so sprach, veränderte sich nichts. Christoph Detlevs Tod, der auf Ulsgaard wohnte, ließ sich nicht drängen. Er war für zehn Wochen gekommen, und die blieb er. Und während dieser Zeit war er mehr Herr, als Christoph Detlev Brigge es je gewesen war, er war wie ein König, den man den Schrecklichen nennt, später und immer.

Das war nicht der Tod irgendeines Wassersüchtigen, das war der böse, fürstliche Tod, den der Kammerherr sein ganzes Leben lang in sich getragen und aus sich genährt hatte. Alles Übermaß an Stolz, Willen und Herrenkraft, das er selbst in seinen ruhigen Tagen nicht hatte verbrauchen können, war in seinen Tod eingegangen, in den Tod, der nun auf Ulsgaard saß und vergeudete.

Wie hätte der Kammerherr Brigge den angesehen, der von ihm verlangt hätte, er solle einen anderen Tod sterben als diesen. Er starb seinen schweren Tod.

Die Aufzeichnungen des Malte Laurids Brigge

Heut sah ichs früh, das Graue an den Schläfen
und dicht am Mund den unbedingten Zug.
Du, die noch Kind war, wenn wir jetzt uns träfen,
wär dir mein Herz noch Herz genug?

Da gingen wir auf diesem Wiesenpfade
an dem Spalier, das schon von Bienen summt,
und was mich sanft vertröstet, wäre Gnade,
und Sprache wär, was nun in mir verstummt.

Erschiene dir mein Lächeln väterlicher,
nur, weil es dich so lang erwartet hat?
Wär es dir neu? Ach ja, so lächelt sicher
nicht einer deiner Freunde in der Stadt.

– Nimm es wie Landschaft, würd ich sagen, kehre
dich nicht daran, daß es dich überwiegt –
. . . .
Du, die noch Kind war, daß ich dich entbehre,
ist das mein Sieg? Ists das, was mich besiegt?

Sei allem Abschied voran, als wäre er hinter
dir, wie der Winter, der eben geht.
Denn unter Wintern ist einer so endlos Winter,
daß, überwinternd, dein Herz überhaupt übersteht.

Sei immer tot in Eurydike –, singender steige,
preisender steige zurück in den reinen Bezug.
Hier, unter Schwindenden, sei, im Reiche der Neige,
sei ein klingendes Glas, das sich im Klang schon
                                        zerschlug.

Sei – und wisse zugleich des Nicht-Seins Bedingung,
den unendlichen Grund deiner innigen Schwingung,
daß du sie völlig vollziehst dieses einzige Mal.

Zu dem gebrauchten sowohl, wie zum dumpfen und
                                        stummen
Vorrat der vollen Natur, den unsäglichen Summen,
zähle dich jubelnd hinzu und vernichte die Zahl.

Die Sonette an Orpheus
Zweiter Teil, XIII

Nur wer die Leier schon hob
auch unter Schatten,
darf das unendliche Lob
ahnend erstatten.

Nur wer mit Toten vom Mohn
aß, von dem ihren,
wird nicht den leisesten Ton
wieder verlieren.

Mag auch die Spieglung im Teich
oft uns verschwimmen:
Wisse das Bild.

Erst in dem Doppelbereich
werden die Stimmen
ewig und mild.

Die Sonette an Orpheus
Erster Teil, IX

An Margot Sizzo

Worte ..., können es solche der Tröstung sein? – Ich bin
dessen nicht sicher, ich glaube auch nicht recht, daß man
sich über einen Verlust von der Plötzlichkeit und Größe
dessen, den Sie erlitten haben, trösten kann oder soll ...
»Wehe denen, die getröstet sind«, so ähnlich notiert die
mutige Marie Lenéru in ihrem merkwürdigen »Journal«,
und hier wäre ja auch Trost eine der vielen Ablenkungen,
eine Zerstreuung, also im Tiefsten ein Leichtsinniges und
Unfruchtbares. – Selbst die Zeit »tröstet« ja nicht, wie man
oberflächlich sagt, sie räumt höchstens ein, sie ordnet –,
und nur weil wir die Ordnung, zu der sie so still mitwirkt,
später so wenig genau nehmen, ja sie so wenig betrachten,
daß wir das nun Eingestellte und Besänftigte, im großen
Ganzen Versöhnte, statt es dort zu bewundern, nur weil es
uns nicht mehr so wehe tut, für eine unsrige Vergeßlich-
keit und Schwäche des Herzens halten. Ach, wie wenig
vergißt es, das Herz, – und wie stark wäre es, wenn wir
ihm nicht seine Aufgaben entzögen, ehe sie völlig und ei-
gentlich geleistet sind! – Nicht sich trösten wollen über
einen solchen Verlust, müßte unser Instinkt sein, vielmehr
müßte es unsere tiefe schmerzhafte Neugierde werden,
ihn ganz zu erforschen, die Besonderheit, die Einzigkeit
gerade *dieses* Verlustes, seine Wirkung innerhalb unseres
Lebens zu erfahren, ja wir müßten die edle Habgier auf-
bringen, gerade um *ihn*, um seine Bedeutung und Schwe-
re, unsere innere Welt zu bereichern ... Ein solcher Verlust
ist, je tiefer er uns trifft und je heftiger er uns angeht, desto
mehr, eine *Aufgabe*, das nun im Verlorensein hoffnungslos
Betonte, neu, anders und endgültig in Besitz zu nehmen:
dies ist dann unendliche Leistung, die alles Negative, das
dem Schmerz anhaftet, alle Trägheit und Nachgiebig-
keit, die immer einen Teil des Schmerzes ausmacht, auf
der Stelle überwindet, dies ist tätiger, innen-wirkender

Schmerz, der einzige, der Sinn hat und unserer würdig ist. Ich liebe nicht die christlichen Vorstellungen eines Jenseits, ich entferne mich von ihnen immer mehr, ohne natürlich daran zu denken, sie anzugreifen –; sie mögen ihr Recht und Bestehen haben, neben so vielen anderen Hypothesen der göttlichen Peripherie, – aber für mich enthalten sie zunächst die Gefahr, uns nicht allein die Entschwundenen ungenauer und zunächst unerreichbarer zu machen –; sondern auch wir selber, uns in der Sehnsucht hinüberziehend und *fort* von hier, werden darüber weniger bestimmt, weniger irdisch: was wir doch, vor der Hand, solange wir *hier* sind, und verwandt mit Baum, Blume und Erdreich, in einem reinsten Sinne zu bleiben, ja immer erst noch zu werden haben! Was mich angeht, so starb mir, was mir starb, sozusagen in mein eigenes Herz hinein: der Entschwundene, wenn ich ihn suchte, nahm sich *in* mir eigentümlich und so überraschend zusammen, und es war so rührend, zu fühlen, daß er nun *nur* noch dort sei, daß mein Enthusiasmus seiner dortigen Existenz zu dienen, sie zu vertiefen und zu verherrlichen, fast in demselben Augenblick die Oberhand bekam, in dem sonst der Schmerz die ganze Landschaft des Gemüts überfallen und verwüstet haben würde. Wenn ich mich erinnere, wie ich – oft bei äußerster Schwierigkeit, einander zu verstehen und gelten zu lassen – meinen Vater geliebt habe! Oft, in der Kindheit, verwirrten sich meine Gedanken, und das Herz erstarrte mir über der bloßen Vorstellung, er könne einmal nicht mehr sein; mein Dasein schien mir so völlig durch ihn bedingt (mein, von vornherein doch so anders gerichtetes Dasein!), daß sein Fortgehen meiner innersten Natur gleichbedeutend war mit meinem eigenen Untergang ..., aber *so* tief steckt der Tod im Wesen der Liebe, daß er ihr (wenn wir ihn nur *mit*wissen, ohne uns durch die ihm angehängten Häßlichkeiten und Verdächte beirren zu lassen) nirgends widerspricht: *wo*, schließlich, kann er Eins, das wir unsäglich im Herzen getragen haben, anders hin verdrängen, als *in* eben dieses Herz, wo wäre die »Idee« dieses geliebten Wesens, ja seine unaufhörliche Wirkung (: denn *wie* könnte *die* aufhören, die doch schon, da es mit uns lebte, von seiner greifbaren Gegenwart mehr und mehr unabhängig war) ... *wo* wäre diese immer schon geheime Wirkung gesicherter, als *in* uns?! Wo können wir ihr näher kommen, wo sie reiner feiern, wann ihr besser gehorchen, als wenn sie mit unseren eigenen Stimmen verbunden auftritt, als ob unser Herz eine neue Sprache gelernt hätte, ein neues Lied, eine neue Kraft! – – Ich werf es allen modernen Religionen vor, daß sie ihren Gläubigen Tröstungen und Beschönigungen des Todes geliefert haben, statt ihnen Mittel ins Gemüt zu geben, sich mit ihm zu vertragen und zu verständigen. Mit ihm, mit seiner völligen, unmaskierten Grausamkeit: diese Grausamkeit ist so ungeheuer, daß sich gerade bei ihr der Kreis schließt: *sie* rührt schon wieder an das Extrem einer Milde, die so groß, so rein und so vollkommen *klar* ist (aller Trost ist trübe!), wie wir nie, auch nicht im süßesten Frühlingstag, Mildigkeit geahnt haben. Aber zur Erfahrung dieser tiefsten Milde, die, empfänden sie nur einige von uns mit Überzeugung, vielleicht alle Verhältnisse des Lebens nach und nach durchdringen und transparent machen könnte: zur Erfahrung *dieser* reichsten und heilsten Milde hat die Menschheit niemals auch nur die ersten Schritte getan, – es sei denn in ihren ältesten, arglosesten Zeiten, deren Geheimnis uns fast verloren gegangen ist. Nichts, ich bin sicher, war je der Inhalt der »Einweihungen«, als eben die Mitteilung eines »Schlüssels«, der erlaubte, das Wort »Tod« *ohne* Negation zu lesen; wie der Mond, so hat gewiß das Leben eine uns dauernd abgewendete Seite, die *nicht* sein Gegen-Teil ist, sondern seine Ergänzung zur Vollkommenheit, zur Vollzähligkeit, zu der wirklichen heilen und vollen Sphäre und Kugel des *Seins*.

Man sollte nicht fürchten, daß unsere Kraft nicht hinreiche, irgend eine, und sei es die nächste und sei es die schrecklichste, Todeserfahrung zu ertragen; der Tod ist nicht *über* unsere Kraft, er ist der Maßstrich am Rande des Gefäßes: wir sind *voll*, sooft wir ihn erreichen –, und Voll-sein heißt (für uns) Schwer-sein ... das ist Alles. – Ich will nicht sagen, daß man den Tod *lieben* soll; aber man soll das Leben so großmütig, so ohne Rechnen und Auswählen lieben, daß man unwillkürlich, ihn (des Lebens abgekehrte Hälfte), immerfort mit ein-bezieht, ihn mit-liebt, – was ja auch tatsächlich in den großen Bewegungen der Liebe, die unaufhaltsam sind und unabgrenzbar, jedesmal geschieht! Nur weil wir den Tod ausschließen in einer plötzlichen Besinnung, ist er mehr und mehr zum Fremden geworden und, da wir ihn im Fremden hielten, ein Feindliches.

Es wäre denkbar, daß er uns unendlich viel näher steht, als das Leben selbst ... Was wissen wir davon?! Unser effort (dies ist mir immer deutlicher geworden mit den Jahren, und meine Arbeit hat vielleicht nur noch den *einen* Sinn und Auftrag, von dieser Einsicht, die mich so oft unerwartet überwältigt, immer unparteiischer und unabhängiger ... seherischer vielleicht, wenn das nicht zu stolz klingt ... Zeugnis abzulegen), ... unser effort, mein ich, kann *nur* dahin gehen, die *Einheit* von Leben und Tod vorauszusetzen, damit sie sich uns nach und nach erweise. Voreingenommen, wie wir es *gegen* den Tod sind, kommen wir nicht dazu, ihn aus seinen Entstellungen zu lösen ... glauben Sie nur, ⟨...⟩ daß er ein *Freund* ist, unser tiefster, vielleicht der einzige durch unser Verhalten und Schwanken niemals, niemals beirrbare Freund ... und *das*, versteht sich, *nicht* in jenem sentimentalisch-romantischen Sinn der Lebensabsage, des Lebens-Gegenteils, sondern unser Freund, gerade *dann*, wenn wir dem Hier-Sein, dem Wirken, der Natur, der Liebe ... am leidenschaftlichsten, am erschüttertsten zustimmen. Das Leben sagt immer zugleich: Ja und Nein. Er, der Tod (ich beschwöre Sie, es zu glauben!), ist der eigentliche Ja-Sager. Er sagt *nur*: Ja. Vor der Ewigkeit.

An Claire Goll

22. Oktober 1923

‹...› ich meine, daß Du nun, da Dir zum ersten Mal zugemutet wird, im Tode des unendlich Nächsten den Tod zu erleiden, den ganzen Tod, (irgendwie mehr als nur den Deinigen, möglichen –), daß jetzt der Augenblick ist, da Du am Fähigsten bist, das reine Geheimnis wahr-zu-nehmen, das, glaub es mir, nicht des Todes, sondern des Lebens ist.

Jetzt heißt es, in einer unerhörten und unerschöpfbaren Großmut des Schmerzes, den Tod, den ganzen Tod, da er durch ein Dir Teueres Dir greifbar geworden ist (und Du dadurch verwandt mit ihm), zum Leben hinzuzunehmen, als ein nicht mehr Abzulehnendes, nicht länger Verleugnetes. Reiß es an Dich, dieses Entsetzliche, *spiele*, solang Du's nicht leisten kannst, eine Vertraulichkeit zu ihm, schreck es nicht ab, indem Du vor ihm (wie alle anderen) erschrickst. Geh mit ihm um, oder, wenn das noch zuviel verlangt ist von Deiner Überwindung, halt wenigstens still, so daß es ganz nahe kommen kann, das immer verjagte Wesen des Todes, und sich Dir anschmiege. Denn dies ist, siehst Du, der Tod geworden bei uns, dies immer Verscheuchte, das sich nie mehr zu erkennen geben konnte. Wenn der Tod, im Augenblick da er uns kränkt und erschüttert, einen, den Geringsten von uns, vertraulich fände (und nicht voll Grauen), in wasfür Geständnissen ginge er – endlich – zu ihm über! Ein kleiner Moment nur des gut Gewilltseins zu ihm, eine kurze Unterdrückung des Vor-Urteils, und schon hat er unendliche Anvertrauungen bereit, die unsere Ahnung überwältigten, ihn, in zitternder Abwartung, zu ertragen.

Irgendwo blüht die Blume des Abschieds und streut
immerfort Blütenstaub, den wir atmen, herüber;
auch noch im kommendsten Wind atmen wir Abschied.

Für Hans Carossa

Auch noch Verlieren ist *unser;* und selbst das Vergessen
hat noch Gestalt in dem bleibenden Reich der
                                  Verwandlung.
Losgelassenes kreist; und sind wir auch selten die Mitte
einem der Kreise: sie ziehn um uns die heile Figur.

An Clara Rilke

17. November 1925
Ja, ich schweige, schweige seit lange, nach allen Seiten,
Ruth hat ja dieses Benehmen auch reichlich zu fühlen be-
kommen. Es scheint, daß das »fünfzigste« Jahr doch so
eine Art Krisis bedeutet; für mich, jedenfalls wirds eine,
die gründlichste meines Lebens, gewesen sein; ich sehe
noch nicht, wie und wo ich über sie hinauskomme. Aber,
da nichts bei sich stehen und anstehen bleibt, muß sich das
ja finden. Ich kann mich gar nicht aussprechen über mein
unüberwindlich Schweres, es kommt von Seiten der Ge-
sundheit her, die zentraler angegriffen scheint, als die
Ärzte bisher erkennen wollten. Aber wahrscheinlich be-
gegne ich auch dieser zunehmenden Tatsache mit der fal-
schesten Einstellung: statt, wie Du es gelernt hast, hell zu
sehen, sehe ich schwarz, und das wirft nun über alles Wirr-
nis und Verdüsterung.

An Margot Sizzo

‹...› ich hatte, weiß Gott, Tröstung nötig, in einem Winter, den ich, seit dem 20. Dezember (!), in diesem Sanatorium von Val-Mont zubringen mußte, das ich schon vorher zweimal aufgesucht hatte, aber jedesmal nur für kürzere Fristen. Dieses Mal (hélas!) hatte ich Zeit, mir die Zeit hier lang werden zu lassen! Sie ist es, wenn ich genau überlege, nicht einmal so sehr geworden, dank vieler vieler (besonders französischer!) Bücher, dank vieler Müdigkeit auch, dank der zahlreichen traitements ..., aber selbst wenn die Tage zu eilen scheinen, wenn sie mit Ungutem eilen, genügen Minuten, um einen Vorräte von Trübsal im Ganzen übersehen zu lassen. Das Drückendste hier ist die Ausschaltung, dieses eigentlich Nirgendssein, das Sie sicher in Hall manchmal als Beängstigung empfunden haben und das ja in der Klausur einer Klinik noch stärker zum Bewußtsein drängt. Für mich, der ich immer so verträglichen Umgang mit meiner Natur pflegen konnte und der gewohnt war, es mit ihr jeweils zu so guten Verständigungen zu bringen, ist schon die anhaltende Notwendigkeit eines medizinischen Unterhändlers ein irgendwie Verwirrendes. Denn ich fühle dabei, wie für mich Alles (bis in die feinsten Vorbedingungen meiner künstlerischen Betätigung hinein) daran liegt, die Spuren meines eigenen Daseins, auch wo sie auf physischen Irrwegen gehen, mir nicht verwischen zu lassen: Der Trieb zur Kunst ist ja nichts als eine fortwährende Neigung, die Konflikte auszugleichen, die unser, aus so verschiedenartigen und einander oft widerstrebenden Elementen sich immer neu bildendes »Ich« gefährden und spannen. Wärs noch eine mit einer ausdrücklichen lateinischen Überschrift zu bezeichnende Krankheit, so dürfte der ärztliche Fachmann ruhig mit mir wirtschaften; ihn in das vielfältige halb physische, halb psychische Verhängnis eingreifen zu lassen, aus dem meine Bedrängnisse hervorgehen, ist schwer und ist gewagt, denn alles, worunter ich leide, ist eine Aufgabe an mich selbst, so rein und genau meiner eigenen Arbeit und Lösung zugedacht, daß ich fast Beschämung empfinde und etwas wie schlechtes Gewissen, wenn ich den Arzt ins Mittel ziehe … Ins Vertrauen …, kann ich gar nicht einmal sagen, – denn was läßt sich anvertrauen in einer solchen Lage: halb wärs nur dem unvordenklichen Freunde, dem Freunde von jeher (dem, den Sie den »Kameraden« nennen,) vertraubar, halb geräts einem, vor einem selbst, ins Unsägliche. Alles Mit-sich-selber-in-Ordnung-Kommen ist ja auch so unendlich viel fruchtbarer als jedes Beholfenwerden, von wem es auch sei; das hab ich schon als Kind, in den eigentümlichen Verhältnissen, in die ich mich verschoben fand, erfahren müssen, und wie oft später ist es mir bestätigt worden, wenn ich Menschen (Söhne gegen Väter z. B. oder Eheleute) trüb und aussichtslos verzwistet sah, wobei sie, einer am anderen, immer schärfer, geringer und entstellter wurden, und mir klar wurde, daß ein Streit von gleicher Intensität, *in* einen Einzelnen geworfen (der dann statt mit einem Anderen, mit sich selber ränge), unfehlbar für diesen gedachten Einsamen zu irgendeinem Fortschritt führen müßte! Aber eben *das* muß mir vermutlich widerfahren sein: meine Einsamkeit selber, auf die ich mich, nach solchen Erfahrungen, immer habe verlassen dürfen, ist irgendwie krank geworden und gefährlich für mich selbst, als hätte sie einen welken Rand bekommen und käme nicht mehr zu ihrer reinen Reife. Diese Vermutung, mehr noch als die eigentlichen körperlichen Mißstände, hat mich wahrscheinlich im Dezember aus meinem Turm getrieben … Eine Frau vermag sich, denk ich, gar nicht recht vorzustellen, was ein solcher einsamer Haushalt, in dem keine Herrin waltet, sondern ein Mann allein, schließlich für Fälschungen mit sich bringt. So ein Sonderling muß, mit der linken Hand mindestens, ab und zu, die Dinge so trügerisch verschieben, als ob die Berührung einer weiblichen Geste sie zögernd verlassen hätte. Ein in einer gewissen, nicht ganz eigenen Art aufgeschlagenes Buch, mit dem verblichenen Leseband quer über der Seite, wird zum halb zärtlichen Betrug, das Ordnen der Blumen zur bewußten Täuschung, und am Ende, damit das einsame Haus wenigstens nach einer anderen Seite hin vollzählig sei, kommt der arme Einsiedler ungefähr dazu: à imiter toutes les absences jusqu' à celle, non moins pénible, du chien qui devrait le saluer à son retour méfiant ...

‹...› welches Tage-Buch schreib ich Ihnen da ‹...›! Welche Schwachheit, welches Sich-gehen-Lassen in diesen Zeilen! Verzeihen und vergessen Sie's. Val-Mont macht mürbe!

Komm du, du letzter, den ich anerkenne,
heilloser Schmerz im leiblichen Geweb:
wie ich im Geiste brannte, sieh, ich brenne
in dir; das Holz hat lange widerstrebt,
der Flamme, die du loderst, zuzustimmen,
nun aber nähr' ich dich und brenn in dir.
Mein hiesig Mildsein wird in deinem Grimmen
ein Grimm der Hölle nicht von hier.
Ganz rein, ganz planlos frei von Zukunft stieg
ich auf des Leidens wirren Scheiterhaufen,
so sicher nirgend Künftiges zu kaufen
um dieses Herz, darin der Vorrat schwieg.
Bin ich es noch, der da unkenntlich brennt?
Erinnerungen reiß ich nicht herein.
O Leben, Leben: Draußensein.
Und ich in Lohe. Niemand der mich kennt.

[Verzicht. Das ist nicht so wie Krankheit war
einst in der Kindheit. Aufschub. Vorwand um
größer zu werden. Alles rief und raunte.
Misch nicht in dieses was dich früh erstaunte]

Ein Wort Rilkes zum Schluß
Drei Briefe

An Rudolf Bodländer

13. März 1922

Wenn ich nun an mich selber denke in meiner Jugend, so war es für mich durchaus so, daß ich fort *mußte*, auf die Gefahr hin zu kränken und wehzutun. Ich kann Ihnen nicht unsere damaligen österreichischen Verhältnisse schildern, die (rechnet man die verhängnisvolle Falschheit und Beirrtheit der achtziger Jahre hinzu) so in sich aufgegebene und abgestorbene gewesen sein müssen, daß mein Instinkt mir sagte, es sei, von ihnen aus, ein Hinein- und Hinüberwachsen in das, was das Leben scheinbar mit mir meinte, ein auch noch für die ringendste Kraft ganz und gar Unmögliches. Nehmen Sie dazu, daß ich inmitten dieser Unmöglichkeiten (wo fast alles rein Erfahrbare durch Vorwand und Vorurteil verstellt schien) seit meinem zehnten Jahr in eine entschiedene Laufbahn (die des österreichischen Offiziers) eingelassen war; – so klein, wie ich war, auf ein glattes Lebensgeleis gestellt, auf dem mich jede Bewegung immer weiter und beschleunigter von dem fortgleiten ließ, was meiner unaussprechlichen Anlage und ihren dunklen Absichten entsprach –, so werden Sie verstehen, daß ich nur durch die widerstrebendste aufbegehrendste Entgleisung mein Gemüt und Blut in Besitz zu nehmen vermochte.

Was ich künstlerisch schreibe, wird wohl bis zuletzt irgendwo die Spuren des Widerspruchs aufweisen, mittels dessen ich mich angetreten habe, – und doch, wenn Sie mich fragen, so möchte ich nicht, daß es *dies* sei, was vor allem von diesen Arbeiten ausginge: nicht die Aufforderung zu irgendeiner Auflehnung und Befreiung, nicht das

Ausspringen aus dem sie Umgebenden und ihnen Anfordernden, möchten – so wünschte ich – junge Menschen aus diesen Schriften schließen; vielmehr, daß sie in einer neuen Verträglichkeit das Gegebene, Zugemutete, unter Umständen Notwendige hinnähmen, vor ihm nicht nach auswärts, sondern ins Tiefere auswichen, dem Druck der Verhältnisse nicht so sehr widerstrebten, als vielmehr ihn ausnutzten, um durch ihn in eine dichtere, tiefere eigentümlichere Schicht der eigenen Natur eingesetzt zu werden.

Wenn ich heute so spreche und also vielmehr ein Hinnehmen, Sich-Vertragen und Aushalten befürworte (das ich selber nicht geleistet habe) –, so ist dies (hier prüfe ich mich streng) nicht eine Nachgiebigkeit des älteren Mannes, – sondern die Zeiten sind in der Tat andere geworden; zwischen jenem schwersten Jahrzehnt meiner Kindheit und der heutigen (selbst schlimmsten) Einstellung ist ein mit Zeitmaßen überhaupt kaum abschätzbarer Unterschied; mag auch jetzt noch zwischen Vater und Sohn der Abgrund täglich neu aufgerissen sein, gewisse Verständnisse sind über ihn hinüber möglich, ja so geläufig geworden, daß man sie gar nicht mehr zählt. Und dieses vor allem: der junge Mensch selbst ist weit entfernt, in jenem Sinne, in dem unsereiner es in allen entscheidenden Nöten war, allein und verlassen zu bleiben: das bloße Gleichaltrigsein hat eine besondere Bedeutung und Zuverlässigkeit angenommen (seit dem Jahr 1913 halt ich das Buch eines Frühverstorbenen in Ehren, – Henry Franck, La Danse devant l'Arche – in dem diese Erfahrung zuerst in den eindringlichsten Rhythmen gefeiert erschien), – und ich meine mich nicht zu täuschen, daß ich, wäre ich *jetzt* jung, in den reichsten Anschlüssen emporlebte, mitgerissen von solchen meines Alters, ihre meisten Begeisterungen teilend und ihren Bedrängnissen, vom eigenen Gemüt her, einvertraut.

Jenes »Schwer-nehmen« des Lebens, von dem meine Bücher erfüllt sind –, ist ja keine Schwermütigkeit, Lieber (und dieses »furchtbar« und jenes »tröstlich«, zu dem Sie sich, mir so ergreifend, bekannt haben, wird in diesen Büchern immer näher zusammenrücken, bis es schließlich *Eines* sein wird in ihnen, ihr einziger wesentlicher Inhalt) – jenes Schwernehmen will ja nichts sein, nicht wahr?, als ein Nehmen nach dem wahren Gewicht, also ein Wahrnehmen; ein Versuch, die Dinge mit dem Karat des Herzens zu wägen, statt mit Verdacht, Glück oder Zufall. Keine Absage, nicht wahr?! *keine Absage*; oh, im Gegenteil, wieviel unendliche Zustimmung und immer noch Zustimmung zum Da-Sein!

Aber nun bleibe noch eines zu bedenken und zu sagen. ‹...› die, wie Sie sagen, »einzige Arbeit«, das Ringen in der Richtung zu Gott, muß nicht notwendig leiden oder eingehen über einer scheinbar anderen oberflächlicheren Anwendung der Kräfte. Vergessen Sie nicht, daß, zum Beispiel in den Zeiten, da das Handwerk noch lebenswarm war, fast alle seine Rhythmen und Wiederholungen Gott in jenen einfältigen Herzen zu steigern vermochte; ja, dort erweist sich vielleicht am gründlichsten die einzige unvergleichliche Vergünstigung des Menschen, wo es ihm gelingt, in ein Unscheinbares, Geringes die heimliche Großheit seiner Beziehungen einzuführen. Es hat das Gedräng der Verwirrungen, die uns die Übersichtlichkeit und Ordnung des Heutigen erschweren, gefährlich vermehrt, daß die Rufe der Kunst so oft als Rufe *zur* Kunst sind verstanden worden. So haben die Erscheinungen künstlerischer Betätigung – Gedichte, Bilder, Skulpturen und die schwebenden Gestaltungen der Musik –, statt ins Leben hineinzuwirken, immer mehr junge, künftige Menschen aus ihm herausgerufen. Dieses Mißverständnis entzieht dem Leben viele ihm zugehörige Elemente, und der Bereich der Kunst, in dem doch nur einige Große am Ende berechtigt bleiben, überfüllt sich mit Verführten und Flüchtlingen. Nichts meint das Gedicht weniger, als in dem Lesenden

den möglichen Dichter aufzuregen ..., und das vollendete Bild sagt doch eher: siehe, du mußt nicht malen; ich bin schon da!

Also, *darüber* müßten wir, zum Schluß, genau verständigt sein, Freund und Bruder: daß die Kunst nicht zuletzt wieder Künstler zu stiften vorhat. Sie meint keinen zu sich hinüber zu rufen, ja, es ist immer meine Vermutung, daß es ihr auf eine Wirkung überhaupt nicht ankäme. Indem aber ihre Gestaltungen, aus unerschöpflichem Ursprung ununterdrückbar hervorgegangen, seltsam still und übertrefflich unter den Dingen dastehen, könnte es geschehen, daß sie *jeder* menschlichen Betätigung unwillkürlich irgendwie vorbildhaft werden durch ihre angeborene Uneigennützigkeit, Freiheit und Intensität.

An Alfred Schaer

26. Februar 1924

In meiner *frühesten* Zeit, vor fünfundzwanzig, vor dreißig Jahren, konnte wohl von »Einflüssen«, die sich einfach und namentlich anführen lassen, die Rede sein. Der Name Jacobsen für sich allein bedeutet da eine ganze bestimmte Epoche meines Lebens: er war wirklich der »Jahres-Regent« meines Himmels-Erdenjahrs. Und wenn ich an den Bang (des Grauen und Weißen Hauses) denke, so möchte da ein Stern erster Größe verzeichnet sein, nach dessen Erscheinung und Stellung ich mich eine ganze Weile in dem Dunkel meiner Jugend (die anders dunkel war und anders zwielichtig, als heute Jugenden sind) zurechtfand. Liliencrons Namen war mir sehr wunderbar in jenen Jahren, der Dehmels hart und bedeutend; Hofmannsthals Dasein bewies einem irgendwie, daß der unbedingteste Dichter als Zeitgenosse möglich sei –, und in Stefan Georges unnachgiebiger Gestaltung ahnte man das wiederentdeckte Gesetz, dem keiner fortan, wenn es ihm um das Wort als Magie zu tun ist, sich würde entziehen können. In diese so erfahrenen Beziehungen wirkten die Russen hinein, Turgeniew zuerst, und, der mich auf diesen Meister hingewiesen hatte, Jacob Wassermann, durch seine Person sowohl, wie durch seine ersten, schon eigentümlich beherrschten Arbeiten. Gerhart Hauptmanns – zu dem auch persönliche Beziehungen bestanden – Michael Kramer zu erkennen, war ein Stolz jener Jahre. Mit der ersten Reise nach Rußland (1899) und dem Erlernen der russischen Sprache, in der ich dann rasch und fast nicht mehr gehemmt, die Bezauberung Puschkins und Ljermontows, Njekrassows und Fets und so vieler anderer Einfluß erfuhr ..., mit diesen entscheidenden Einbeziehungen verändert sich dann die Situation so gründlich, daß ein Verfolgen von Beeinflussungen absurd und unmöglich erscheint: es sind unzählige! Was hat nicht alles gewirkt! Das

211

eine durch seine Vollkommenheit, anderes, weil man sofort begriff, daß es besser oder anders zu machen sei. Dies, weil man es gleich als zugehörig und maßgebend erkannte, jenes, weil es sich aufdrängte, mit Feindschaft, ohne faßlich, ja beinah ohne erträglich zu sein. Und das Leben! Die Gegenwart des plötzlich unerschöpflich eröffneten Lebens, das mir in Rußland noch wie ein Bilderbuch sich aufschlug, in das ich dann aber, seit meiner Übersiedlung nach Paris (1902), mich einbezogen wußte, überall mitleidend, mitgefährdet, mitbeschenkt! Und die Kunst ... die Künste! Daß ich Rodins Sekretär gewesen sei, ist nicht viel mehr als eine hartnäckige Legende, erwachsen aus dem Umstande, daß ich ihm einmal, vorübergehend, während fünf Monaten (!), in seiner Korrespondenz behilflich war ... Aber sein *Schüler* bin ich viel besser und viel länger gewesen: denn auf dem Grunde aller Künste wirkt die eine, gleiche Forderung, die ich nie so rein übernommen habe, wie durch die Gespräche mit dem gewaltigen Meister, der damals noch, obwohl im höchsten Alter, voll von lebendiger Erfahrung war; im eigenen Metier besaß ich einen sehr großen und rühmlichen Freund, Emile Verhaeren, den in seiner harten Herrlichkeit so menschlichen Dichter, – und als das stärkste Vorbild stand, seit 1906, das Werk eines Malers vor mir, Paul Cézannes, dem ich dann, nach dem Tode des Meisters, auf allen Spuren nachging. Aber ich frage mich oft, ob nicht das an sich Unbetonte den wesentlichsten Einfluß auf meine Bildung und Hervorbringung ausgeübt hat: der Umgang mit einem Hund; die Stunden, die ich zubringen konnte, in Rom einem Seiler zuschauend, der in seinem Gewerb eine der ältesten Gebärden der Welt wiederholte, ... genau wie jener Töpfer, in einem kleinen Nil-Dorf, neben dessen Scheibe zu stehen, mir unbeschreiblich, in einem geheimsten Sinne ergiebig war. Oder daß es mir vergönnt gewesen ist, mit einem Hirten durch die Landschaft der »Baux« zu gehen, oder in Toledo, mit ein paar spanischen Freunden und ihren Ge-

fährtinnen, in einer verarmten kleinen Pfarrkirche eine
uralte Novene singen zu hören, die einmal, im 17ten Jahr-
hundert, als man die Überlieferung dieses Gebrauchs un-
terdrückte, in derselben Kirche von Engeln gesungen
war ... Oder daß ein so inkommensurables Wesen wie Ve-
nedig mir vertraut ist, bis zu dem Grade, daß Fremde mich
in der Vielwendigkeit der »Calli« mit Erfolg nach jedem
Ziele fragen konnten, das ihnen erwünscht war ..., dies
alles, nicht wahr?, war »Einfluß« –, und der größeste bleibt
vielleicht zu nennen: daß ich *allein* sein durfte in so viel
Ländern, Städten und Landschaften, ungestört, mit der
ganzen Vielfalt, mit allem Gehör und Gehorsam meines
Wesens einem Neuen ausgesetzt, willig ihm zuzugehören
und doch wieder genötigt, mich von ihm abzuheben ...
Nein, in diese einfachen Vollziehungen, die das Leben mit
uns begeht, können, wenigstens später, Bücher nicht ganz
entscheidend herüberwirken; vieles, was, aus ihnen, mit
seinem Gewicht sich in uns legt, mag da rein aufgewogen
sein durch die Begegnung mit einer Frau, durch eine Ver-
schiebung in der Jahreszeit, ja durch den bloßen Wechsel
des Luftdrucks ..., dadurch zum Beispiel, daß unversehens
zu einem so und so beschaffenen Morgen ein »anderer«
Nachmittag gehört, – oder was Ähnliches dergleichen uns
fortwährend widerfährt.

An Hermann Pongs

21. Oktober 1924

Tolstoi: es wäre falsch, den Besuchen bei ihm einen Einfluß auf meine damaligen Arbeiten zuzuschreiben; schließlich bestätigte er mir nur die Entdeckung Rußlands, die für mich entscheidend war. Seine Gestalt selbst war mir die Verkörperung eines Verhängnisses, eines Mißverstehens, und ergreifend wurde sie für mich dadurch, daß sie, bei allem eigensinnigen Unrecht, das dieser gewaltig Beunruhigte sich antat und Anderen anzutun beständig bereit war, daß sie (sage ich) doch so rührend beschützt und gültig wirkte in ihrem Abtrünnigsein an ihren größesten und gekonntesten Aufgaben. Nur *so* konnte ein junger Mensch, dessen Entschluß das ganze Leben lang Kunst zu machen, schon gefaßt war, jenen widerspruchsvollen Greis auffassen, der in sich an der ständigen Unterdrückung dessen arbeitete, was ihm im göttlichsten Sinne auferlegt worden war; der sich mit unendlicher Mühe bis ins eigene Blut hinein widerrief und mit den ungeheueren Kräften nicht fertig wurde, die sich in seinem unterdrückten und verleugneten Künstlertum unerschöpflich erneuten. Wie hoch (und rein!) stand er über jenen, den Meisten in Europa, die, im Gegenteil, zeitlebens um diese Kräfte besorgt waren und entschlossen, durch Übung und Fälschung (durch »Literatur«) das gelegentliche Nachlassen oder Ausbleiben ihrer Fruchtbarkeit zu verdecken. Die Begegnung mit Tolstoi (dessen moralische und religiöse Naivitäten keinerlei Anziehung auf mich ausübten, – kurz vor meiner zweiten Reise hatte ich die schmähliche und törichte Broschüre »Was ist Kunst?« zu allem Überfluß in die Hände bekommen –) bestärkte so in mir genau das Gegenteil von dem, worauf er es bei seinen Besuchern mochte abgelegt haben; unendlich entfernt, seiner willkürlichen Absage recht zu geben, hatte ich, bis in sein unwillkürlichstes Benehmen hinein, den Künstler die heimliche Oberhand behalten sehen, und gerade angesichts seines von Weigerungen erfüllten Lebens, steigerte sich in meinem Innern die Vorstellung von dem Rechthaben der künstlerischen Eingebung und Leistung; von ihrer Macht und Gesetzlichkeit; von der schweren Herrlichkeit, zu dergleichen berufen zu sein.

Nur die Begegnung mit Rodin, die mir zwei Jahre später beschieden war, und der jahrelange nahe Umgang mit ihm, konnten den so groß gefaßten Begriff noch weiter bestärken, ihm noch gründlicher recht geben. ‹…› Ich hatte das Glück, Rodin in jenen Jahren zu begegnen, da ich reif war für meine innere Entscheidung und da andererseits, für ihn, der Moment eingetreten war, die Erfahrungen seiner Kunst in eigentümlicher Freiheit auf alles Erlebbare anzuwenden. Das Gegenteil von dem bei Tolstoi Beobachteten fand hier statt: Einer, der dem inneren Auftrag seiner gestaltenden Genialität, das unendliche göttliche Spiel, völlig und tätig bejaht hatte, nahm, mittels der dort erworbenen Einsicht, mehr als nur seine Kunst in Besitz; – es sah eine Weile aus, als schenkte sich ihm Alles, wonach er, die Hände in die Arbeit gebunden, nicht hatte greifen können, aus eigenem Willen nachträglich hinzu … Und so mag es auch sein, nicht allein für den das Höchste meinenden Künstler, sondern für den einfachen Handwerker, wenn er nur einmal den Kern seines Metiers aufgebissen hat: die innerhalb seiner eigentümlichen Leistung erreichte Intensität eignet ihm (automatisch, möchte man sagen) alles Vorhandene und Gewesene an, das dem gleichen Intensitätsgrade entspricht. Daher stammt die wunderbare Weisheit der Handwerker (die verloren geht), daher die seelische Geräumigkeit im Gemüte der Hirten …

Und nun (wir sind nicht so weit davon) der schwierige Versuch, Ihren merkwürdigen Erwägungen in bezug auf »reich« und »arm« gerecht zu werden. ‹…› Kommt ‹dieser Gedanke› aus dem Begriff des »Sozialen« her – wie es den Anschein hat –, so muß da gleich versichert sein, daß man unrecht hätte, irgendeine meiner Bestrebungen in diese Rubrik einzuordnen. Ein menschlich Gleichgesinntes, ein Brüderliches ist mir freilich unwillkürlich und muß in meinem Wesen angelegt gewesen sein, sonst würde mich das Freiwerden dieser Eigenschaft unter dem Einfluß des russischen Beispiels nicht so tief und vertraulich ergriffen haben. Was aber eine solche freudige und natürliche Zuwendung vom Sozialen, wie wir es heute verstehen, durchaus unterscheidet, ist die völlige Unlust, ja Abneigung, irgendjemandes Lage zu verändern oder, wie man sich ausdrückt, zu verbessern. Niemandes Lage in der Welt ist so, daß sie seiner Seele nicht eigentümlich zustatten kommen könnte ... Und ich muß gestehen, mir ist, wo ich an anderem Schicksal teilzunehmen genötigt war, immer vor Allem dieses wichtig und angelegentlich gewesen: dem Bedrückten die eigentümlichen und besonderen Bedingungen seiner Not erkennen zu helfen, was jedesmal nicht so sehr ein Trost, als eine (zunächst unscheinbare) Bereicherung ist. Es scheint mir nichts als Unordnung zu stiften, wenn die allgemeine Bemühung (übrigens eine Täuschung!) sich anmaßen sollte, die Bedrängnisse schematisch zu erleichtern oder aufzuheben, was die Freiheit des Anderen viel stärker beeinträchtigt, als die Not selber es tut, die mit unbeschreiblichen Anpassungen und beinahe zärtlich, dem, der sich ihr anvertraut, Anweisungen erteilt, wie ihr – wenn nicht nach außen, so nach innen – zu entgehen wäre. Die Lage eines Menschen bessern wollen, setzt einen Einblick in seine Umstände voraus, wie nichteinmal der Dichter ihn besitzt, einer Figur gegenüber, die aus seiner eigenen Erfindung stammt. Wie viel weniger noch, der so unendlich ausgeschlossene Helfende, dessen Zerstreutheit mit seiner Gabe vollkommen wird. Die Lage eines Menschen ändern, bessern wollen, heißt, ihm für Schwierigkeiten, in denen er geübt und erfahren ist, andere Schwierigkeiten anbieten, die ihn vielleicht noch ratloser finden. Wenn ich irgendwann die imaginären

Stimmen des Zwerges oder des Bettlers in der Form meines Herzens ausgießen konnte, so war das Metall dieses Gusses nicht aus dem Wunsche gewonnen, der Zwerg oder der Bettler möchten es weniger schwer haben: im Gegenteil, nur durch eine Rühmung ihres unvergleichlichen Schicksals vermochte der zu ihnen plötzlich entschlossene Dichter wahr und gründlich zu sein, und er müßte nichts mehr fürchten und ablehnen, als eine korrigierte Welt, darin die Zwerge gestreckt sind und die Bettler bereichert. Der Gott der Vollzähligkeit sorgt dafür, daß diese Varietäten nicht aufhören, und es wäre die oberflächlichste Einstellung, wollte man die Freude des Dichters an dieser leidenden Vielfalt für eine ästhetische Ausrede halten.

Anhang

(E = Entstehung, V = Veröffentlichung,
UA = Uraufführung, Ü = Übertragung)

1875 4. 12.: René Josef Maria Rilke als Sohn des Eisen-
bahninspektors Josef und seiner Frau Sophie (Phia)
Rilke (geb. Entz) in Prag geboren.

1882-1886 Deutsche Volksschule in Prag.

1884 24. 5.: Rilkes erstes Gedicht. Trennung der Eltern;
Erziehung durch die Mutter.

1886 1. 9.: Eintritt Militärunterrealschule St. Pölten.

1890 Wechsel zur Militäroberrealschule in Mährisch-
Weißkirchen.

1891 3. 6.: Militärschule ohne Abschluß verlassen, Rück-
kehr nach Prag. 10. 9.: »Die Schleppe«, erstes ver-
öffentlichtes Gedicht. September (bis Mai 1893)
Handelsakademie Linz.

1893 Valerie David von Rhonfeld. V: *Feder und Schwert*.

1894 V: *Leben und Lieder*.

1895 9. 7.: Abitur in Prag. Beginn des Studiums an der
Deutschen Carl-Ferdinands-Universität in Prag. E:
Im Frühfrost. V: *Larenopfer*.

1896 V: erstes *Wegwarten*-Heft (Lieder, dem Volke ge-
schenkt). UA: *Jetzt und in der Stunde unseres Abster-
bens*. Ab September Fortsetzung des Studiums in
München. V: *Traumgekrönt*.

1897 28.-31. 3.: Erster Venedigaufenthalt. 12. 5.: Begeg-
nung mit Lou Andreas-Salomé; Namensänderung:
Rainer. UA: *Im Frühfrost*. 1.10.: Übersiedlung nach
Berlin. E: *Ohne Gegenwart*. V: *Advent*.

1898 Prag, Arco, Florenz, Viareggio (*Florenzer Tagebuch*).
E: *Dir zur Feier*. Ab 1. 8. in Berlin-Schmargendorf
(*Schmargendorfer Tagebuch*). 29. 9. »Die Braut«, erstes
Gedicht für das *Buch der Bilder*. E: *Ewald Tragy*.

25. 12.: erster Besuch in Worpswede. Jahresende: E: *Weiße Fürstin* (Erstfassung); V: *Am Leben hin.*

1899 Reisen nach Arco, Wien und Prag. Berlin; Fortsetzung des Studiums. V: *Zwei Prager Geschichten.* 25. 4.-18. 6.: 1. Rußlandreise, mit Lou Andreas-Salomé und ihrem Mann. E: Erster Teil des *Stunden-Buch:* »Die Gebete«; *Cornet.* V: *Mir zur Feier.*

1900 Übersetzung von Tschechows *Möwe.* 9. 5.-22. 8.: 2. Rußlandreise mit Lou Andreas-Salomé. V: *Die Weiße Fürstin.* 27. 8.-5. 10.: bei Heinrich Vogeler in Worpswede; Begegnung mit Paula Becker und Clara Westhoff (Beginn *Worpsweder Tagebuch*). Ab Oktober Berlin-Schmargendorf. V: *Vom lieben Gott und Anderes.*

1901 26. 2.: Abschiedsbrief von Lou Andreas-Salomé (›Letzter Zuruf‹). 28. 4.: Heirat mit der Bildhauerin Clara Westhoff; Wohnsitz Westerwede. E:. Zweiter Teil des *Stunden-Buch.* V: *Die Letzten.* 12. 12.: Geburt der Tochter Ruth. UA: *Das tägliche Leben.*

1902 V: *Buch der Bilder.* E: *Worpswede.* Ab 28. 8. in Paris (bis Ende Juni 1903). E: *Auguste Rodin* (V: März 1903).

1903 April in Viareggio; E: Dritter Teil des *Stunden-Buch.* Paris. Wiederaufnahme des Briefwechsels mit Lou Andreas-Salomé. 10. 9. (bis Juni 1904) in Rom. V: *Worpswede; Auguste Rodin.*

1904 Beginn der Arbeit am *Malte.* Ende Juni (bis 9. 12.): Schweden. V: Zweitfassung *Cornet.* E: Zweitfassung *Die Weiße Fürstin.* Winter mit der Familie in Oberneuland bei Bremen. V: *Geschichten vom lieben Gott.*

1905 Ab September in Paris (bis 29. 7. 1906); Privatsekretär von Rodin in Meudon. 21. 10.-2. 11.: Erste Vortragsreise, u. a. Dresden und Prag. V: *Das Stunden-Buch.* Winter 1905/06: Beginn der kontinuierlichen Arbeit an den *Neuen Gedichten.*

1906 25. 2.-31. 3.: Zweite Vortragsreise; Elberfeld, Berlin, Hamburg, Bremen. 14. 3.: Tod des Vaters. 10. 5.: Rodin kündigt Rilke. Juli/August: Reise nach Flandern.

V: *Cornet* (dritte Fassung); *Buch der Bilder* (zweite, erweiterte Ausgabe). 4. 12.-20. 5. 1907: Capri; E: Capreser Lyrik.

1907 Ab 31. 5. in Paris; E: Erster Teil der *Neuen Gedichte* (V: Dezember). 6.-22. 10.: Venedig. Gedächtnis-Ausstellung für Paul Cézanne im Pariser Salon d'Automne; fünfzehn Briefe über Cézanne an Clara Rilke. 30. 10.-18. 11.: Dritte Vortragsreise; Prag Breslau, Wien. November: Aussöhnung zwischen Rodin und Rilke.

1908 (Dezember 1907-)18. 2.: Oberneuland. Berlin, München, Rom, Neapel. 29. 2.-18. 4.: Capri. Mai (bis Mai 1903) in Paris; E: *Der Neuen Gedichte anderer Teil* (V: November); *Requiem*-Gedichte; Arbeit am *Malte*.

1909 V: *Die frühen Gedichte* (Zweitfassung *Mir zur Feier* und *Die Weiße Fürstin*). Mai und September/Oktober: Reisen in die Provence. 10. 12.: Beginn der Freundschaft mit Marie von Thurn und Taxis.

1910 12. 1.-31. 1.: Leipzig; Diktat der *Aufzeichnungen des Malte Laurids Brigge* (V: 31. 5.). Weimar, Berlin, Rom, Schloß Duino bei Triest. 12. 5. wieder in Paris. August/September in Böhmen; Lautschin und Janowitz. 19. 11.: Aufbruch zur Nordafrikareise.

1911 6. 1.-29. 3: Ägypten-Reise. Rückkehr nach Paris. Ü: Maurice de Guérin: *Der Kentauer* (V: Juli), *Sonette* der Louize Labé, anonyme französische Predigt *De l'amour de Madeleine* (V: 1912); zwölf Kapitel der *Confessiones* des Augustinus. 19. 7.-25. 9.: Reise nach Lautschin. 22. 10. (bis 9. 5. 1912): Duino bei Triest.

1912 Ü: Giacomo Leopardis *L'infinito*; E: *Das Marien-Leben* (V: 1913); erste *Duineser Elegien*. 9. 5.-11. 9.: Venedig; Eleonora Duse. Juli: *Cornet* als Nr. 1 der Insel-Bücherei erschienen. 11. 9.-9. 10.: Duino. München. 1. 11. (bis 24. 2. 1913): Spanienreise.

1913 Ronda; E: erste »Gedichte an die Nacht«, *Erlebnis I* u. *II* (V: *I* 1918). Paris; E: Narziß-Gedichte; Ü: weitere

Sonette Louize Labés (V: 1917); Michelangelo: Sonet-te (sporadisch bis 1923). 6. 6.-17. 10.: Reisen in Deutschland. 7./8. 9. in München Begegnung mit Sigmund Freud. 18. 10.: Paris; Arbeit an den Elegien; E: »Fünf Sonette«; Ü: André Gide: Der verlorene Sohn (V: 1914).

1914 Lektüre Proust: Du côté de chez Swann. Magda von Hattingberg (›Benvenuta‹). E/V: Puppen. Zu den Wachs-spuppen von Lotte Pritzel. Lektüre Lou Andreas-Salo-mé: Drei Briefe an einen Knaben. 19. 7.: Abreise von Paris nach Deutschland; Kriegsausbruch; München (bis 11. 6. 1919). E: »Fünf Gesänge« (erschienen im November). Lulu Albert-Lasard. E: »An Hölderlin«. Kafka-Lektüre. Dezember (bis 7. 1. 1915) Berlin.

1915 München; 14. 6.-11. 10.: in Hertha Koenigs Münch-ner Wohnung; E: u.a. »Der Tod Moses«, »Sieben Gedichte«, »Der Tod«, »Requiem auf den Tod eines Knaben«, »Siehe: (Denn kein Baum soll dich zer-streun)«, »Die vierte Elegie«. Verlust der Pariser Habe. 24. 11.: Musterung. Abbruch der dichteri-schen Produktion. Ab 12. 12. in Wien.

1916 4. 1.: Einrücken zur Grundausbildung; ab 27. 1. Dienst beim Kriegsarchiv, Wien. 9. 6.: Entlassung; Juli Rückkehr nach München. Zusammenstellung der 22 »Gedichte an die Nacht« für Rudolf Kassner.

1917 Fortsetzung der Michelangelo-Übertragungen; Lese-gutachten. 18. 7.-9. 12.: letzte Reise in Deutschland, u.a. in Berlin. Ab 10. 12. wieder in München.

1918 Herbst: Rilke bereitet sich auf Kippenbergs Anraten auf eine Reise in die Schweiz vor, er schickt ihm, für den Fall, daß die Vollendung ihm versagt bleibt, eine Abschrift des Elegien-Bestandes, ein gleichlauten-des Manuskript an Lou Andreas-Salomé. November-revolution in München. Begegnung mit Claire Stu-der, der späteren Frau Ivan Golls.

1919 Lektüre von Oswald Spenglers Untergang des Abend-

landes; von Hans Blühers *Die Rolle der Erotik in der männlichen Gesellschaft*. Ü: weitere Sonette Michelangelos, Gedichte Mallarmés. 26. 3.-2. 6.: Besuch Lou Andreas-Salomés in München. Niederschlagung der Revolution; Durchsuchung von Rilkes Wohnung, wegen Kontakts u.a. mit Kurt Eisner und Ernst Toller. 11. 6.: Abreise in die Schweiz; u.a. Nyon, Genf, Bern, Zürich. Baladine Klossowska (›Merline‹). Soglio (29. 7.-21. 9.), Locarno (7. 12.-Ende Februar 1920). 25. 10.-30. 11.: Lesereise (Zürich, St. Gallen, Luzern, Basel, Bern und Winterthur).

1920   3. 3.-17. 5.: Schönenberg bei Pratteln; Ü: Michelangelo. 11. 6.-13. 7.: Venedig. Schönenberg. Lektüre Dostojewski-Biographie. 9. 10.: erster Besuch in Sierre. 23.-30. 10.: Paris. Ab 12. 11. (bis 10. 5. 1921) Berg am Irchel; E: erster Teil *Aus dem Nachlaß des Grafen C. W.*; *Préface à Mitsou* für die Bildergeschichte von Baltusz Klossowski (V: 1921).

1921   E: zweiter Teil *Aus dem Nachlaß des Grafen C. W.*; erste Valéry-Übertragung (*Le Cimetière marin*). E: *Das Testament*, Protokoll und Bilanz des erneuten Scheiterns in der Arbeit. Ab 26. 7. Wohnsitz Schloßturm Muzot oberhalb Sierre. 17. 10.: mit dem Abtragen von Briefschulden Vorbereitung auf eine neue Arbeitsphase. Dezember: erste Überlegungen für eine Gesamtausgabe von Rilkes Werken.

1922   1. 1.: Gertrud Ouckama Knoops Bericht über Krankheit und Tod ihrer Tochter Wera. 11.-26. 1.: Abschrift von Valérys Dialog *L'Âme et la Danse*. 2.-5. 2.: Erster Teil der *Sonette an Orpheus*; 7.-14. 2.: Abschluß der *Duineser Elegien*. E: *Der Brief des jungen Arbeiters*; 15.-23. 2.: Zweiter Teil der *Sonette an Orpheus*. März: Garten in Muzot mit Rosen angelegt. 20. 3.-11. 4.: Ü: Valéry, *Ébauche d'un Serpent* (Entwurf einer Schlange). Juli: Absprache der Werke in sechs Bänden. Ü: Gedichte Valérys (V: 1925).

1923 Erscheinen der *Duineser Elegien*. Juni/Juli: Bad Ragaz; August: Sanatorium Schöneck am Vierwaldstätter See. 6. und 8. 11.: »Zueignung an M‹erline›
(Schaukel des Herzens)«, geschrieben »als Arbeits
Anfang eines neuen Winters auf Muzot«. E: »Sieben
Entwürfe aus dem Wallis oder Das kleine Weinjahr«.
Ende Dezember bis 20. 1. 1924: Klinikaufenthalt in
Val-Mont, oberhalb Montreux.

1924 E: »Der Magier« und Gedichte im Stil ›berechenbarer Magie‹ (u. a. »Die Frucht«, »Eros«, »Vergänglichkeit«); zum »Magier« und »Füllhorn« französische
Pendants; reiche Produktion französischsprachiger
Lyrik, *Vergers*. 6. 4.: Paul Valéry auf Muzot. E: *Briefwechsel in Gedichten mit Erika Mitterer* (bis August
1926). Juni/Juli: Bad Ragaz; E: »Im Kirchhof zu
Ragaz Niedergeschriebenes«; ab 2. 8. in Muzot: *Les
Quatrains Valaisans* (bis Anfang September). 24. 11.:
erneuter Klinikaufenthalt in Val-Mont (bis 7. 1.
1925).

1925 7. 1.-18. 8.: letzter Paris-Aufenthalt. Gedichte in
französischer Sprache; *Vergers* (V: mit den *Quatrains
Valaisans*, 1926). Mitte Oktober Rückkehr nach Muzot. 27. 10.: Niederschrift des Testaments; »Rose, oh
reiner Widerspruch« als Epitaph bestimmt. Dezember bis Juni 1926: Klinik Val-Mont.

1926 3. 5.-6. 9.: Briefwechsel mit Marina Zwetajewa;
8. 6.: die ihr gewidmete Elegie. Juli/August: Bad Ragaz. Ab 21. 9. Muzot: Ü: Valérys *Eupalinos*. 30. 11.:
wieder Val-Mont; Diagnose: Leukämie. Mitte Dezember: »Komm du, du letzter, den ich anerkenne,
heilloser Schmerz«. Tod am 29. Dezember.

1927 Beisetzung am 2. Januar an der Bergkirche von Raron. Es erscheinen: *Les Roses*; Paul Valéry: *Eupalinos
oder Über die Architektur*; *Les Fenêtres*; Gesammelte
Werke in sechs Bänden.

Zu dieser Ausgabe

Überschrieben ist dieses Lesebuch mit einer Sentenz aus Rilkes Siebenter Elegie: »Hiersein ist herrlich« – wohl die kürzeste Formel, unter der sich, wenn auch stark vereinfacht, des Dichters Lebens- und Kunsthaltung zusammenfassen läßt. Die uneingeschränkte Bejahung des Lebens, die in ihr zum Ausdruck kommt, gehörte zur Botschaft Rilkes; er hat sie wieder und wieder all denen übermittelt, die vom Erscheinen der *Geschichten vom lieben Gott* und des *Stunden-Buchs* an Trost und Rat bei ihm suchten. Er riet seinen jungen Lesern, den Problemen des Lebens nicht auszuweichen oder gegen sie zu rebellieren (was er selbst in seinen Anfängen durchaus getan hatte), sondern dem *ganzen* Dasein, auch aller »Fürchterlichkeit des Lebens«, zuzustimmen, ja, zuzujubeln. Diese »Leidenschaft zum Ganzen« war für Rilke notwendig mit innerer Unabhängigkeit verbunden – »Einsamkeit« steht dafür häufig bei ihm –, einem selbständigen, unvoreingenommenen Zugehen auf alles, was zum Menschsein gehört.

Der Appell zum ›richtigen‹ Leben war zugleich der Auftrag, dem sich Rilke als Dichter verpflichtet fühlte: Die Vollzähligkeit der Welt in reinen, unverstellten Beweisen vorzuführen, sie zu »rühmen«, war die Leistung, zu der er sich – über das Beispiel Auguste Rodins, Paul Cézannes oder Van Goghs – das Gedicht »erzog«. Die Forderung, man müsse, ohne zu urteilen, »in sich selber leben« und stets »das *ganze* Leben« sehen, bedeutete für den Künstler Rilke: nicht die Gefühle, die das Angeschaute in ihm auslöste, zum Gegenstand des Gedichtes zu machen, sondern das Wahrgenommene so genau und so sachlich wie möglich zu benennen. Und so sind seine Briefe, die diese Sammlung von Gedichten und Prosatexten begleiten, nur auf den ersten Blick ›Lebensratschläge‹, Teile jenes Buches für junge Menschen, das Rilke einmal zu schreiben gedachte, doch nie geschrieben hat. Es sind Eigeninterpreta-

tion, für das Verständnis seines Denkens und Dichtens
zentrale Äußerungen – einzigartige Hinführungen zu sei-
nem Werk.

Dieses wird, vor allem das 1922 mit den *Duineser Elegien*
seinen Höhepunkt erreichende Spätwerk, häufig noch als
schwer verständlich empfunden. Dennoch gehören einige
von Rilkes Gedichten seit langem zu den bekanntesten
und beliebtesten deutschsprachigen Gedichten überhaupt:
»Der Panther« etwa, »Herbst«, »Abend in Skåne«, »Das
Karrussel« oder »Herbsttag«. Rilke hat diese und andere
Gedichte, zusammen mit dem Prosatext »Der Tod des
Kammerherrn Brigge« aus den *Aufzeichnungen des Malte
Laurids Brigge,* zwischen 1904 und 1910 und zu Beginn sei-
nes Aufenthaltes in der Schweiz, 1919, selbst mehrfach
öffentlich gelesen. Das hat zu ihrer wachsenden Bekannt-
heit und Beliebtheit wohl ebenso beigetragen wie deren
gelegentliche Vertonungen, die auch »Schlaflied«, »Ja ich
sehne mich nach dir«, »Der Tod der Geliebten« oder »Du
mußt das Leben nicht verstehen« zusätzlich populär
machten. Wie sehr Rilkes Dichtungen, und darunter zu-
nehmend auch spätere, ihre Leser bis heute berühren,
zeigt der Erfolg eines kürzlich gemachten Versuchs,* einige
von ihnen musikalisch unterlegt und großartig interpre-
tiert neu vorzustellen.

Rilke ist das Preisen der Welt so unübertroffen und für
viele so »tröstend« gelungen, weil seine leidenschaftliche
und als dichterischer Auftrag verstandene Zustimmung
zum Da-Sein alles andere als ein simpler Jubel über die
Schönheiten des Erdendaseins ist. Sie schließt die Schat-
tenseiten unseres Hier-Seins ein: unsere Verlorenheit und
Einsamkeit, unser Ausgeliefertsein wie das Wissen um den
mit uns wachsenden Tod. Sie gilt jenem so beunruhigen-
den Ineinander von Schönem *und* Schrecklichem. Rilke

---

* Rilke-Projekt: *Bis an alle Sterne.* Komponiert und arrangiert von Ri-
chard Schönherz und Angelica Fleer (umgesetzt von zwölf namhaften
Interpreten). BMG Ariola Classics GmbH 2001.

hält auf die »großen Fragen« des Daseins – das Leben, die Liebe, die Kindheit, den Tod –, die zugleich die Grundthemen seines Dichtens sind, keine Antworten parat, aber er hilft uns, mit ihnen zu leben.

Vera Hauschild

Die Texte folgen den Ausgaben:

Seite 5-8:

Insel-Almanach auf das Jahr 1997. Rainer Maria Rilke 1916 bis 1996. Erinnerungen an den Dichter. Begegnungen mit dem Werk. Eine Dokumentation. Zusammengestellt von Vera Hauschild. Frankfurt am Main und Leipzig, 1996 (Siegfried Unseld: »Was, wenn Verwandlung nicht, ist dein drängender Auftrag?« dort unter der Überschrift: »Die neue Lebendigkeit von Rilkes Werk«)

Seite 79-84:

RMR: Sämtliche Werke. Hg. vom Rilke-Archiv. In Verbindung mit Ruth Sieber-Rilke besorgt durch Ernst Zinn. Band 5. Frankfurt am Main, 1955-1966

Seite 15, 16, 18, 21, 22, 23 f., 25, 26, 27, 39, 41, 42, 43, 45, 46, 47, 48, 49, 61, 72, 73 f., 75, 76, 77, 85 f., 89, 101, 102, 104, 109 f., 111, 112, 123, 124, 125, 129, 130, 131, 132, 133, 134, 135, 136, 175, 182-184, 185, 186:

RMR: Werke. Kommentierte Ausgabe in vier Bänden. Hg. von Manfred Engel, Ulrich Fülleborn, Horst Nalewski, August Stahl. Frankfurt am Main und Leipzig, 1996; Band 1: Gedichte 1895 bis 1910. Hg. von Manfred Engel und Ulrich Fülleborn

Seite 13, 19 (oben), 20, 28, 29, 30, 31 (oben), 32, 33, 36, 37, 38, 50, 51 f., 53 f., 55, 56, 57 f., 6, 63, 64, 67, 68, 69, 87, 88, 117, 118, 137, 145, 146, 147, 148, 150, 159, 160, 161-164, 170-172, 173, 174, 192, 193, 194, 200, 201, 206:

Ebd.; Band 2: Gedichte 1910 bis 1926. Hg. von Manfred Engel und Ulrich Fülleborn

Seite 90-100, 151-155, 176-181, 187-191:

Ebd.; Band 3: Prosa und Dramen. Hg. von August Stahl

Seite 11, 14, 17, 19 (unten), 40, 44, 59 f., 70 f., 78, 103, 119 f., 121 f., 126-128, 138-144:

Ebd.; Band 4: Schriften. Hg. von Horst Nalewski

Seite 31 (unten), 65f., 165-169, 202, 207-210, 211-217:
RMR: Briefe aus Muzot 1921 bis 1926. Hg. von Ruth Sieber-Rilke und Carl Sieber. Leipzig, 1937

Seite 105-108, 113:
RMR: Briefe aus den Jahren 1892 bis 1904. Hg. von Ruth Sieber-Rilke und Carl Sieber. Leipzig, 1939

Seite 34f., 149, 156, 157f., 195-198, 203-205:
RMR: Die Briefe an Gräfin Sizzo 1921-1926. Hg. von Ingeborg Schnack. Frankfurt am Main, 1977

Seite 114-116:
RMR/Anita Forrer: Briefwechsel. Hg. von Magda Kerényi. Frankfurt am Main, 1982

Seite 199:
RMR/Claire Goll: »Ich sehne mich sehr nach Deinen blauen Briefen«. Briefwechsel. Hg. von Barbara Glauert-Hesse. Göttingen, 2000

Die Entstehungsdaten der Texte sind im Inhaltsverzeichnis vermerkt; auszugsweise zitierte Texte und solche, die Rilke in größere Sammlungen einbezog, sind durch Nennung der entsprechenden Werktitel (in kleinerer Schrift unter den Texten) kenntlich gemacht.

Inhalt